Projeto

LUMIRÁ

HISTÓRIA 4

Organizadora: Editora Ática S.A.
Obra coletiva concebida pela Editora Ática S.A.
Editora responsável: Heloisa Pimentel

Material de apoio deste volume:

- Miniatlas

editora ática

editora ática

Diretoria editorial
Lidiane Vivaldini Olo
Gerência editorial
Luiz Tonolli
Editoria de Ciências Humanas
Heloisa Pimentel
Edição
Regina Gomes,
Thamirys Gênova da Silva e Mariana Renó Faria (estagiárias)
Gerência de produção editorial
Ricardo de Gan Braga
Arte
Andréa Dellamagna (coord. de criação),
Talita Guedes (progr. visual de capa e miolo),
Claudio Faustino (coord.),
Eber Alexandre de Souza (edição);
Lívia Vitta Ribeiro, Luiza Massucato e Casa de Tipos (diagram.)
Revisão
Hélia de Jesus Gonsaga (ger.),
Rosângela Muricy (coord.),
Célia da Silva Carvalho, Patrícia Travanaca,
Paula Teixeira de Jesus e Vanessa de Paula Santos;
Brenda Morais e Gabriela Miragaia (estagiárias)
Iconografia
Sílvio Kligin (superv.),
Denise Durand Kremer (coord.),
Carlos Luvizari e Evelyn Torrecilla (pesquisa),
Cesar Wolf e Fernanda Crevin (tratamento de imagem)
Ilustrações
Estúdio Icarus CI – Criação de Imagem (capa),
Evandro Luíz da Silva, Evandro Luíz
Quanta estúdio e Theo Szczepanski (miolo)
Cartografia
Allmaps

Avenida das Nações Unidas, 7221, 3º andar, Setor A
Pinheiros – São Paulo – SP – CEP 05425-902
Tel.: 4003-3061
www.atica.com.br / editora@atica.com.br

Dados Internacionais de Catalogação na Publicação (CIP)
(Câmara Brasileira do Livro, SP, Brasil)

Projeto Lumirá: história : ensino fundamental I / obra coletiva concebida pela Editora Ática ; editor responsável Heloisa Pimentel. – 2. ed. – São Paulo : Ática, 2016.
Obra em 4 v. para alunos do 2º ao 5º ano.

1. História (Ensino fundamental) I. Pimentel, Heloisa.

16-00039 CDD-372.89

Índice para catálogo sistemático:
1. História : Ensino fundamental 372.89

2018
ISBN 9788508178629 (AL)
ISBN 9788508178636 (PR)
Cód. da obra CL 739154
CAE 565963 (AL) / 565964 (PR)

2ª edição
5ª impressão

Impressão e acabamento
Brasilform Editora e Ind. Gráfica

Elaboração de originais

Murilo José de Resende
Licenciado em História pela Universidade de São Paulo (USP)
Mestre em Educação pela Universidade de São Paulo (USP)

Regina Maria de Oliveira Ribeiro
Licenciada em História pela Universidade de São Paulo (USP)
Doutora em Educação pela Universidade de São Paulo (USP)

Thelma Cademartori Figueiredo de Oliveira
Licenciada em História pela Universidade Federal do Rio Grande do Sul (UFRGS)
Doutora em Educação pela Universidade de São Paulo (USP)

Marianka Gonçalves Santa Bárbara
Licenciada em Letras pela Universidade Federal de Campina Grande (UFCG-PB)
Mestra em Linguística Aplicada pela Pontifícia Universidade Católica de São Paulo (PUC-SP)
Professora da Cogeae-PUC-SP

Projeto

LUMIRÁ

HISTÓRIA 4

MINIATLAS

editora ática

editora ática

Diretoria editorial
Lidiane Vivaldini Olo
Gerência editorial
Luiz Tonolli
Editoria de Ciências Humanas
Heloisa Pimentel
Edição
Regina Gomes,
Thamirys Gênova da Silva e Mariana Renó Faria (estagiárias)
Gerência de produção editorial
Ricardo de Gan Braga
Arte
Andréa Dellamagna (coord. de criação),
Talita Guedes (progr. visual de capa e miolo),
Claudio Faustino (coord.),
Eber Alexandre de Souza (edição);
Luiza Massucato (diagram.)
Revisão
Hélia de Jesus Gonsaga (ger.),
Rosângela Muricy (coord.),
Célia da Silva Carvalho, Patrícia Travanca,
Paula Teixeira de Jesus e Vanessa de Paula Santos;
Brenda Morais e Gabriela Miragaia (estagiárias)
Ilustrações
Estúdio Icarus CI – Criação de Imagem (capa),
Adilson Farias (miolo)
Cartografia
Eric Fuzii, Marcelo Seiji Hirata e Márcio Souza

Avenida das Nações Unidas, 7221, 3º andar, Setor A
Pinheiros – São Paulo – SP – CEP 05425-902
Tel.: 4003-3061
www.atica.com.br / editora@atica.com.br

Dados Internacionais de Catalogação na Publicação (CIP)
(Câmara Brasileira do Livro, SP, Brasil)

Projeto Lumirá: história : ensino fundamental I / obra coletiva concebida pela Editora Ática ; editor responsável Heloisa Pimentel. – 2. ed. – São Paulo : Ática, 2016.

Obra em 4 v. para alunos do 2º ao 5º ano.

1. História (Ensino fundamental) I. Pimentel, Heloisa.

16-00039 CDD-372.89

Índice para catálogo sistemático:
1. História : Ensino fundamental 372.89

2018

ISBN 978 85 08 17862 9 (AL)
ISBN 978 85 08 17863 6 (PR)

Cód. da obra CL 739154

CAE 565 963 (AL) / 565 964 (PR)

2ª edição
5ª impressão

Impressão e acabamento
Brasilform Editora e Ind. Gráfica

Adilson Farias/Arquivo da editora

SUMÁRIO

Os primeiros grupos humanos partem da África

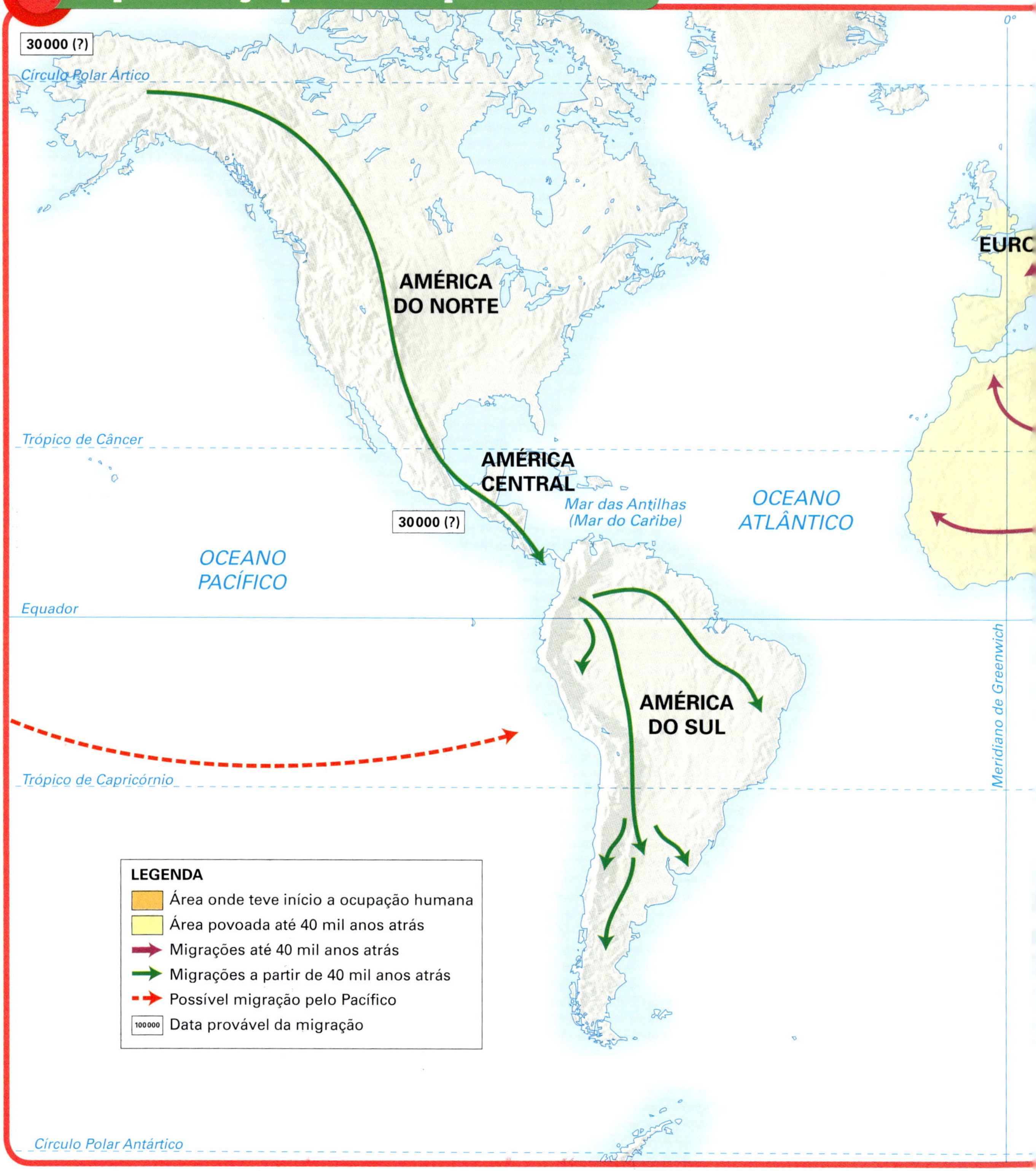

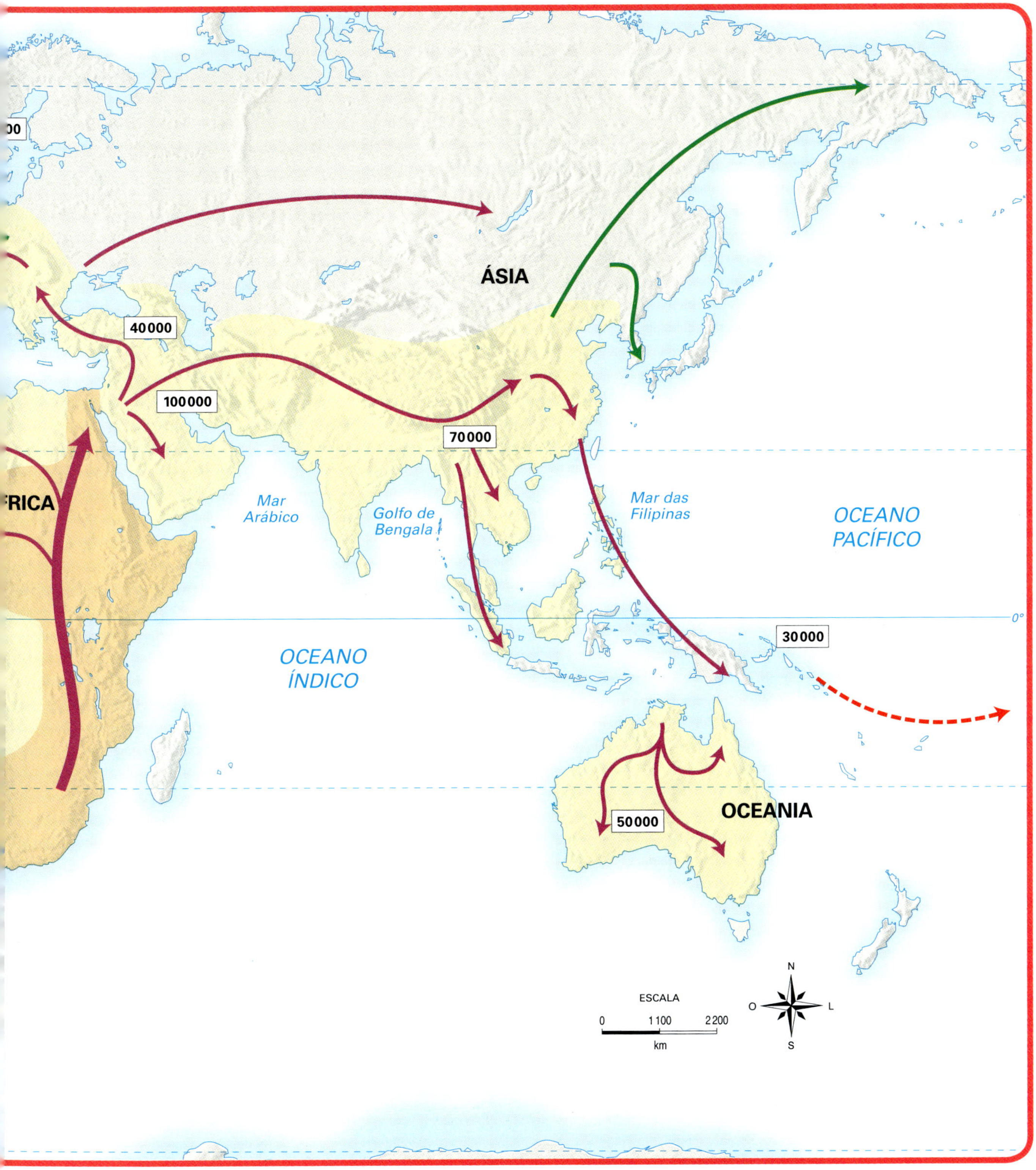

Adaptado de: **Atlas histórico do mundo**. Colônia: Könemann, 2001. p. 10-11.

América Central e América do Sul até 200 a.C.

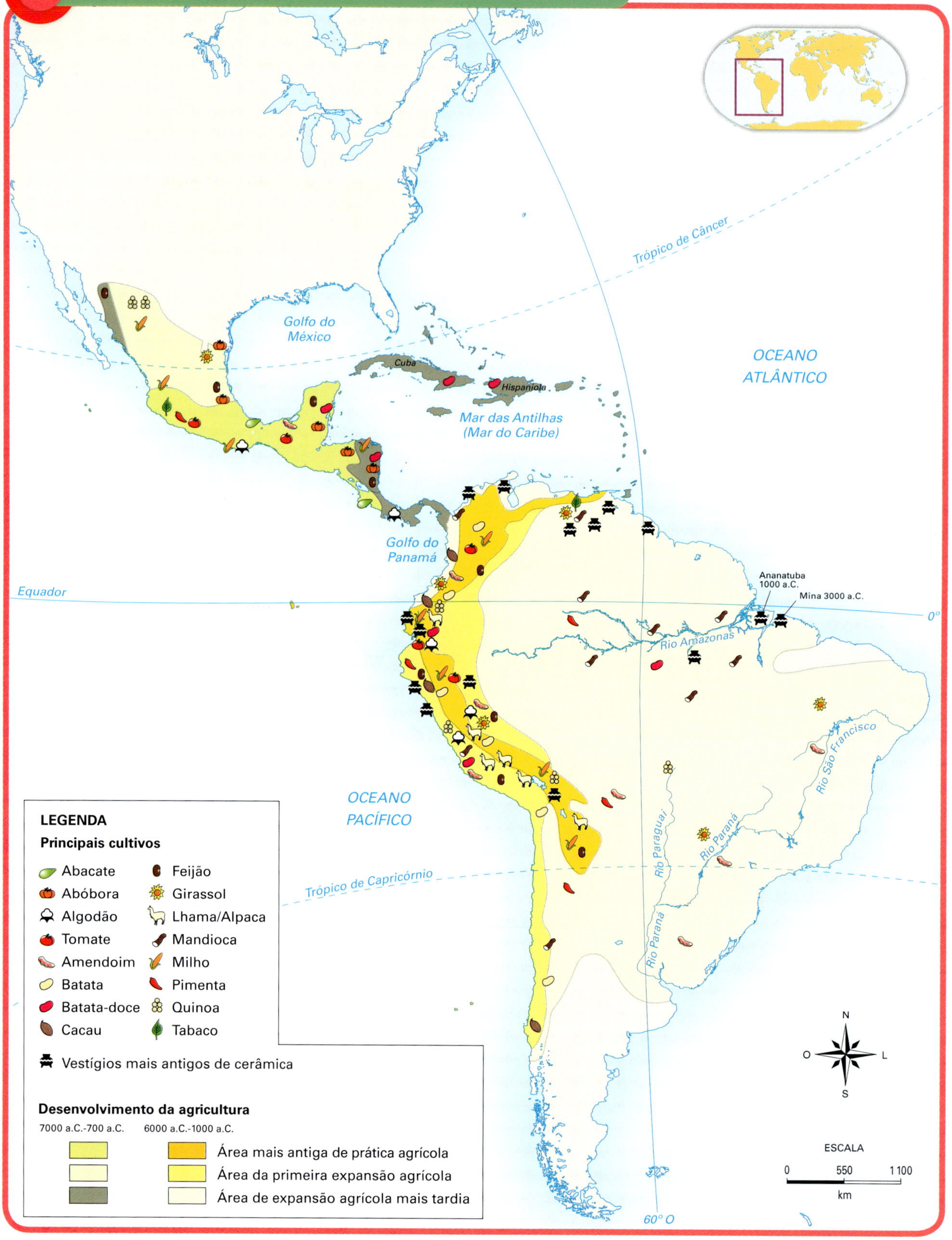

Adaptado de: **Atlas histórico geral & Brasil**. Cláudio Vicentino. São Paulo: Scipione, 2011. p. 26.

Povos indígenas no território brasileiro

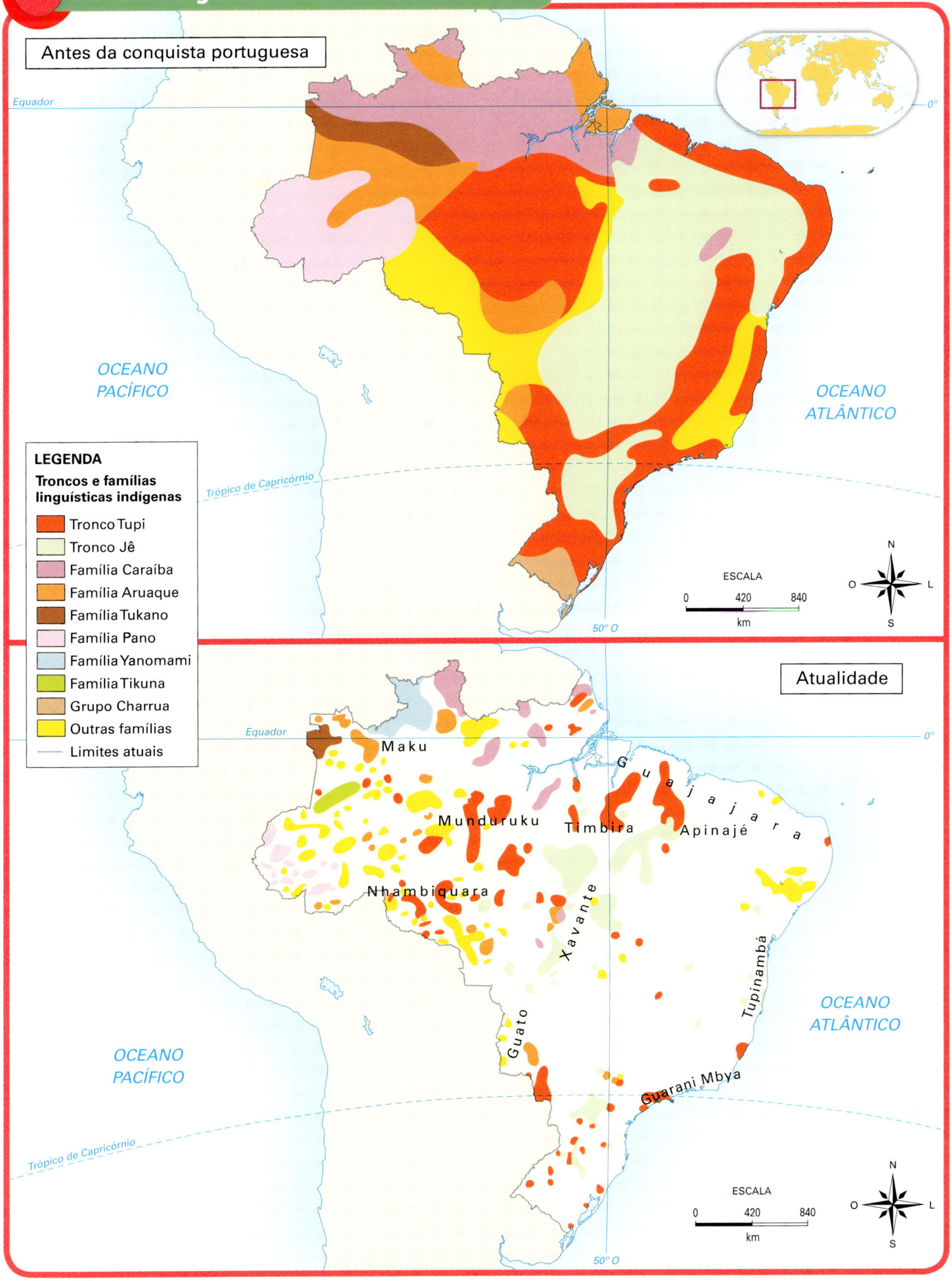

Adaptado de: **Atlas histórico geral & Brasil**. Cláudio Vicentino. São Paulo: Scipione, 2011. p. 27.

As Grandes Navegações

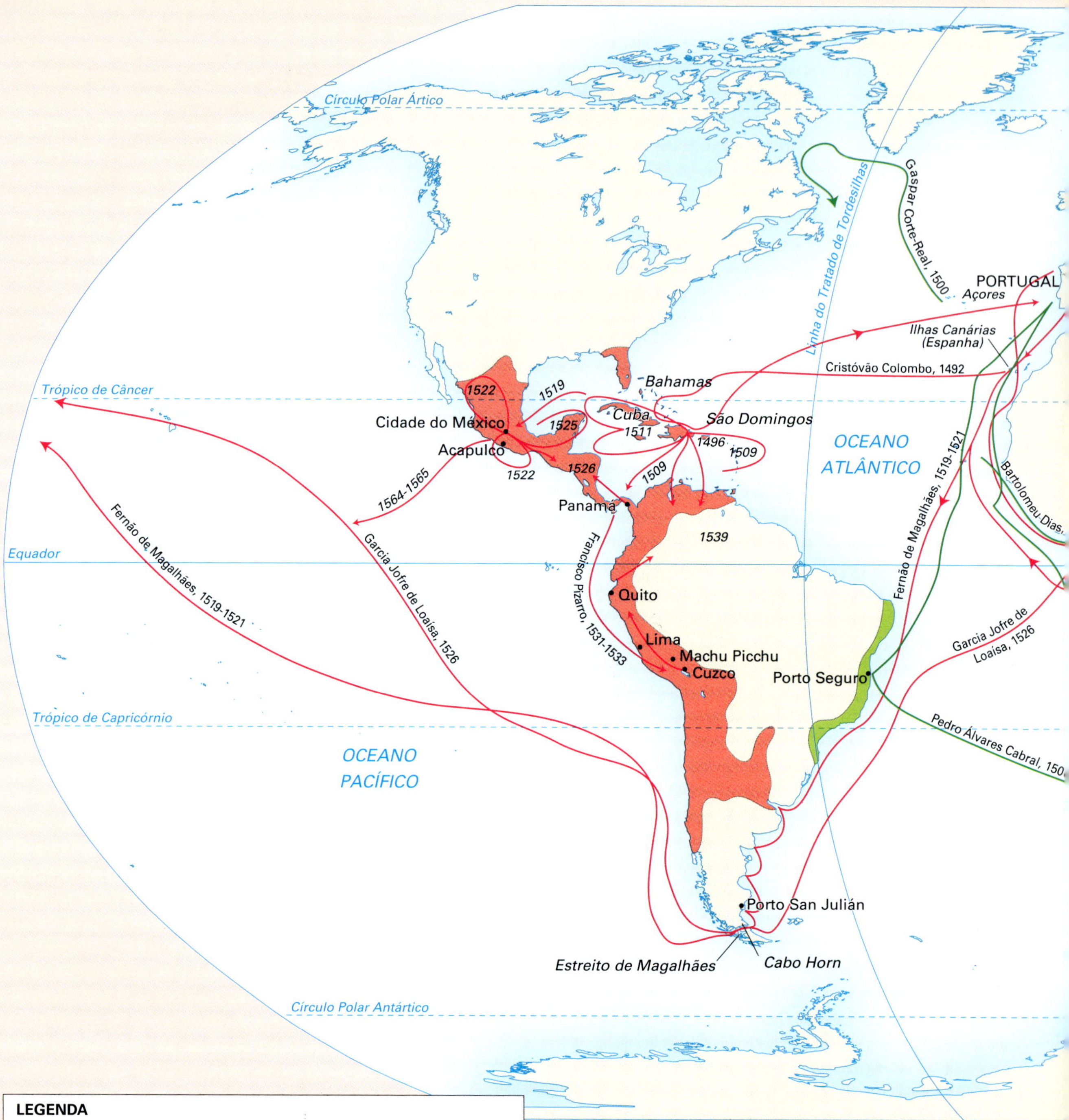

LEGENDA

Principais rotas de exploração (1487-1597)

- Espanhola
- Portuguesa

Possessões em 1600

- Espanholas
- Portuguesas (governadas por reis da Espanha entre 1580 e 1640)

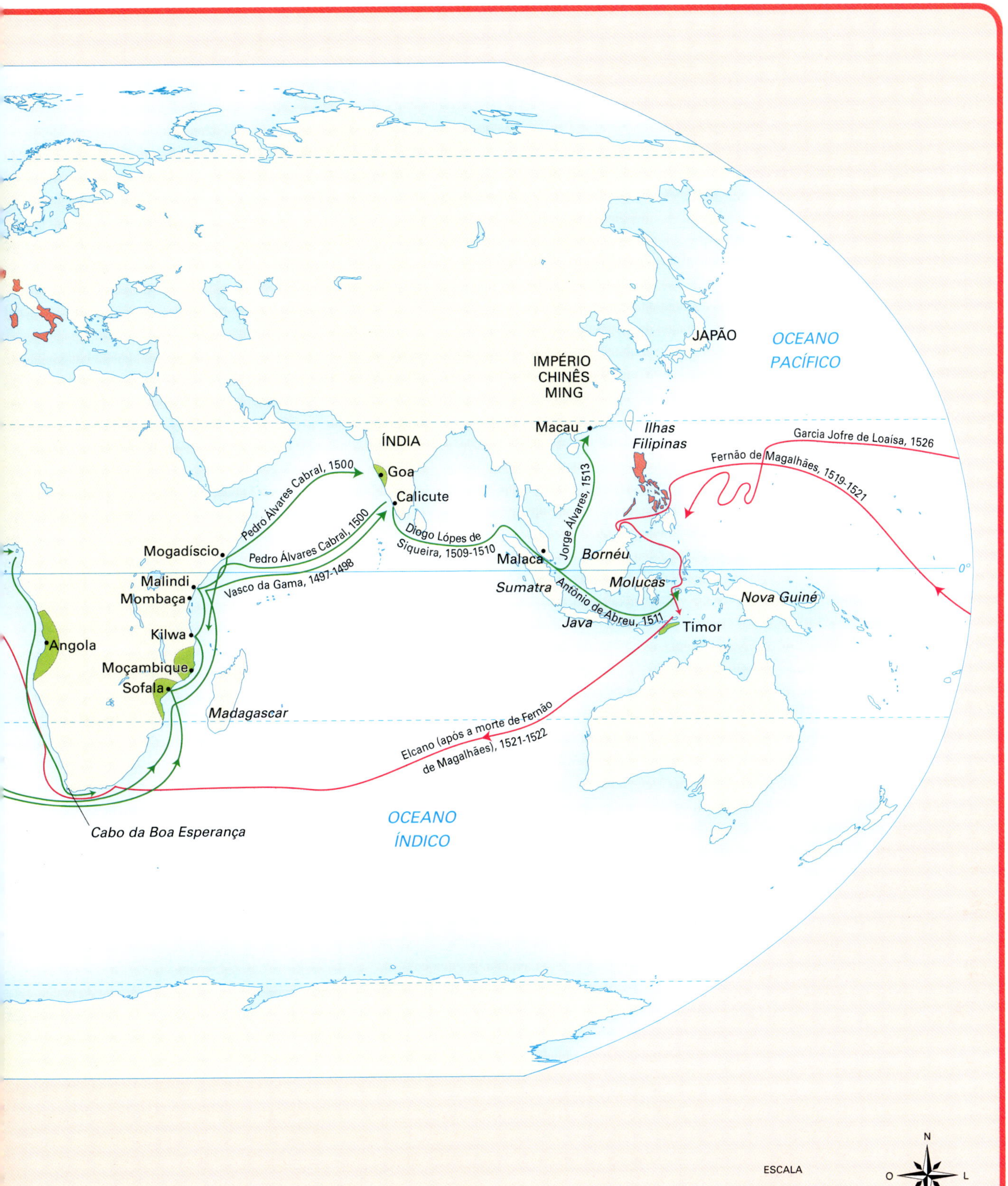

Adaptado de: **Atlas histórico geral & Brasil**. Cláudio Vicentino. São Paulo: Scipione, 2011. p. 90.

Mata Atlântica

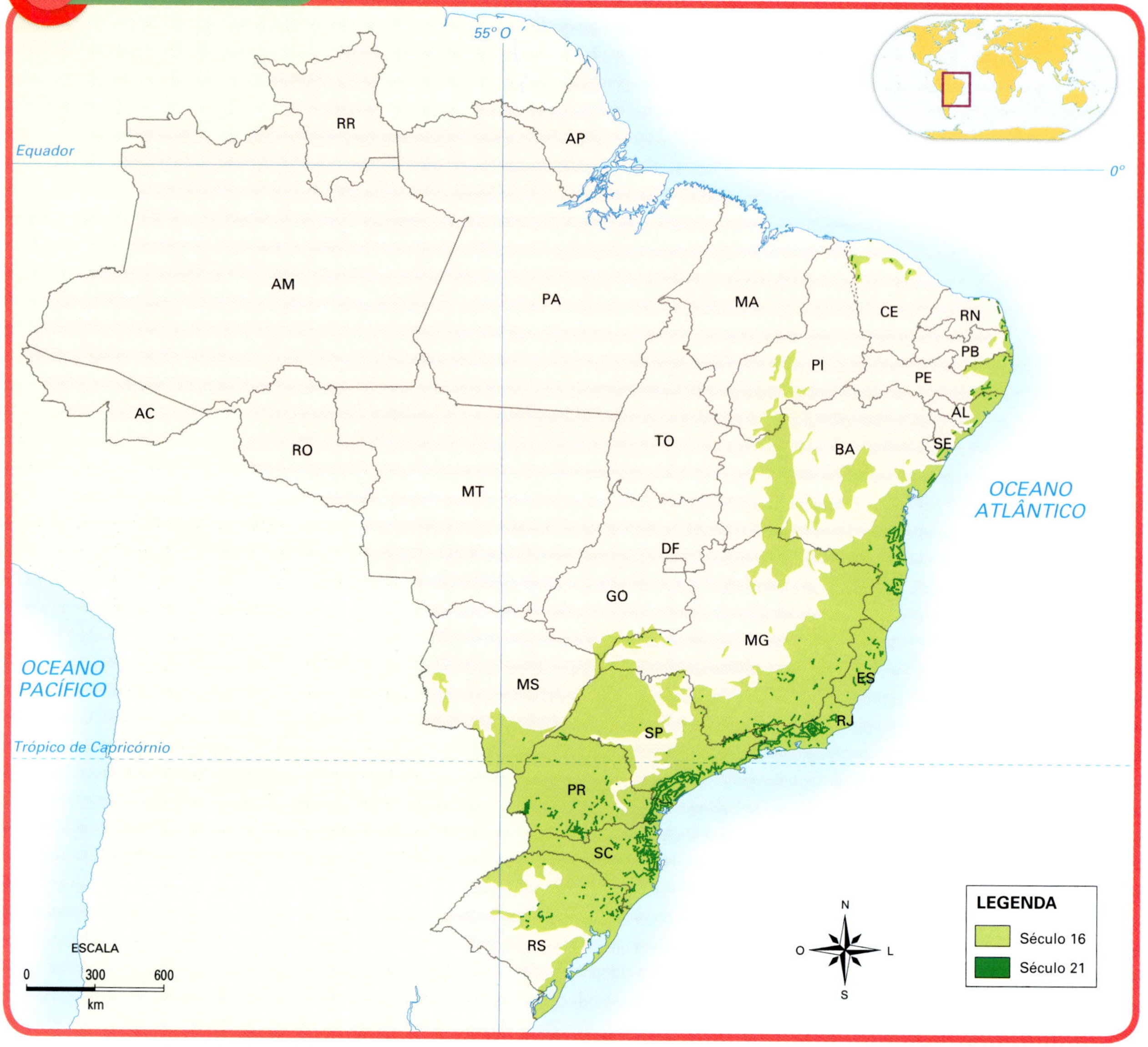

Adaptado de: **SOS Mata Atlântica**. Disponível em: <http://mapas.sosma.org.br>. Acesso em: 12 fev. 2016.

Primeiras vilas e capitanias hereditárias

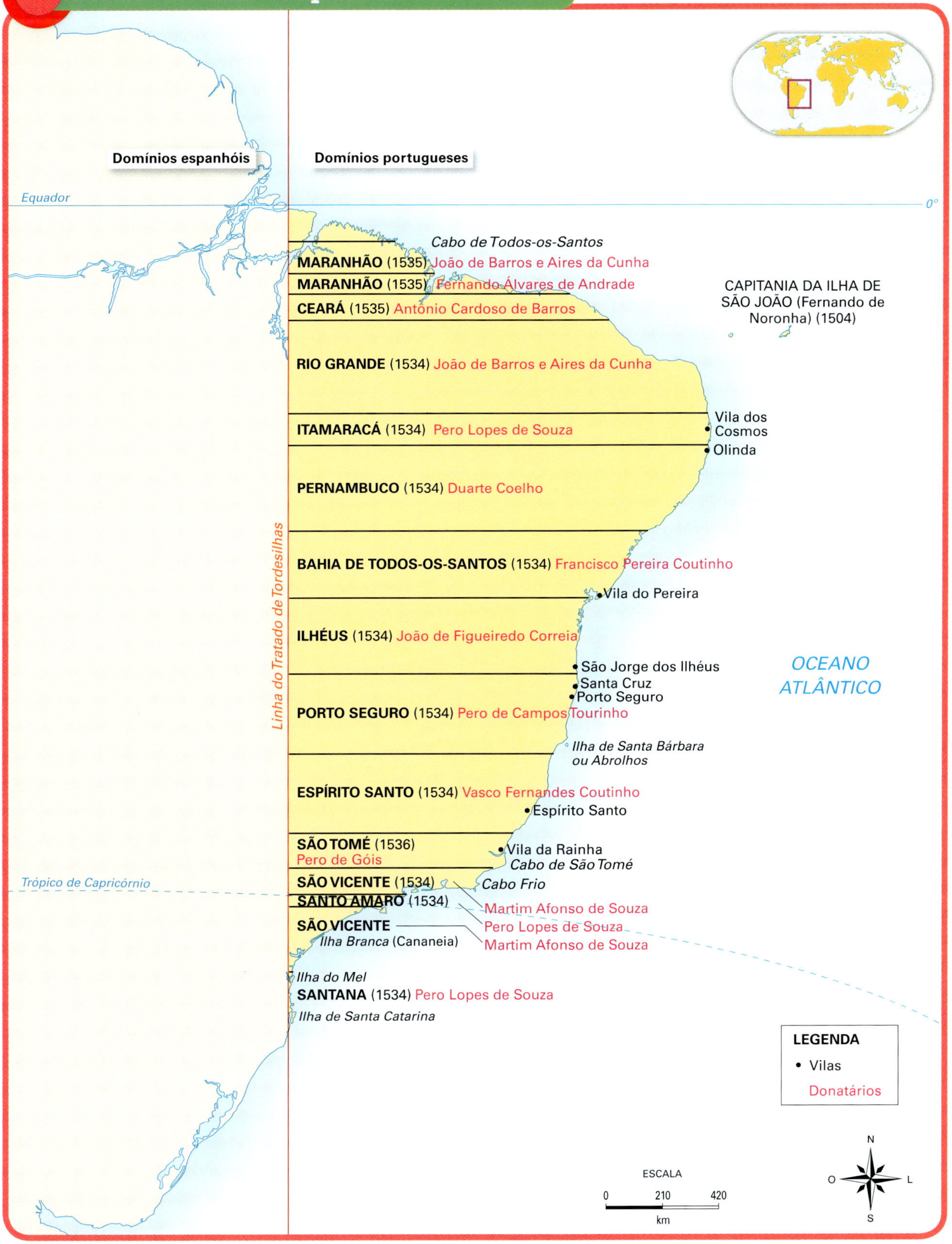

Adaptado de: **Atlas histórico geral & Brasil**. Cláudio Vicentino. São Paulo: Scipione, 2011. p. 100.

Entradas e bandeiras

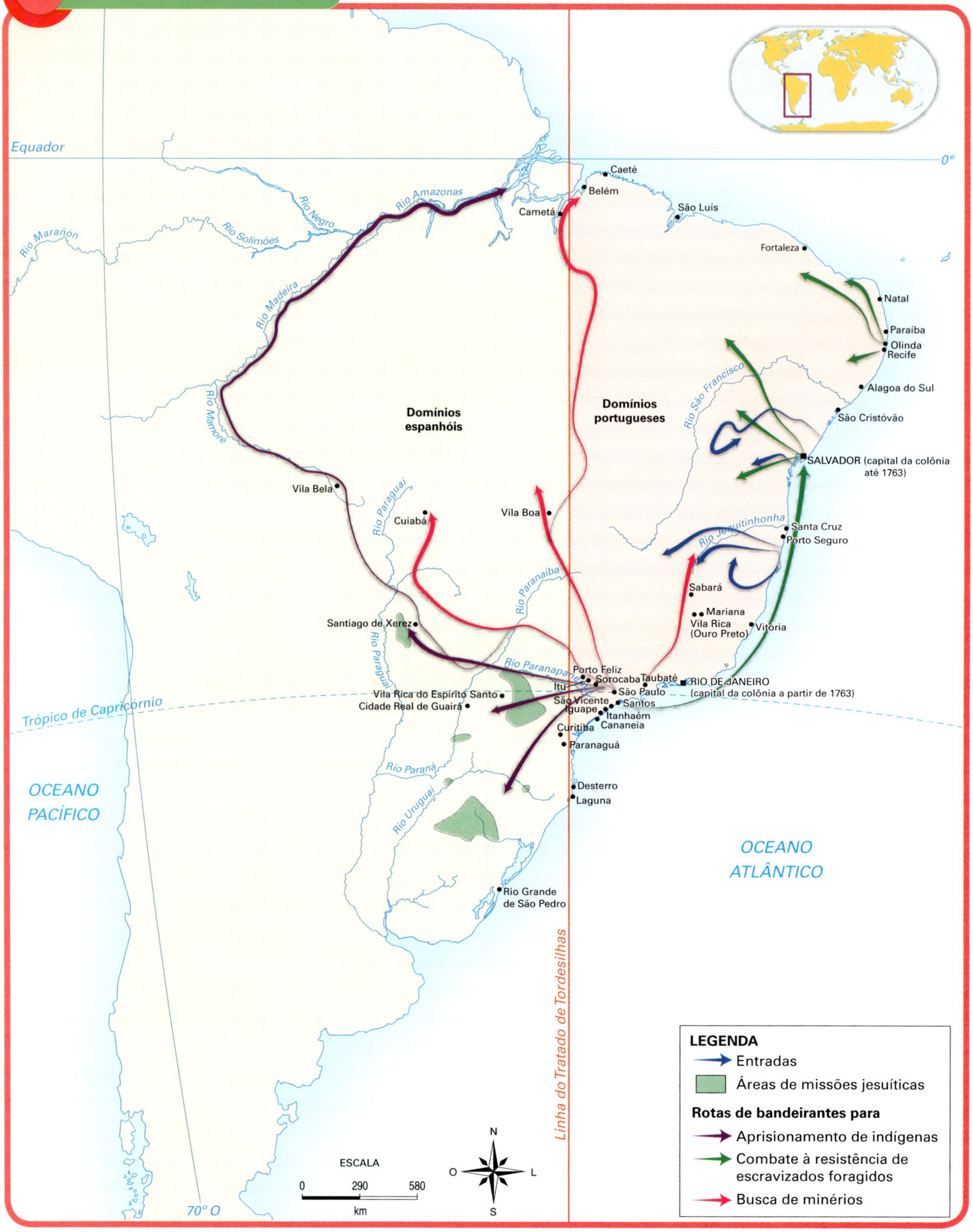

Adaptado de: **Atlas histórico geral & Brasil**. Cláudio Vicentino. São Paulo: Scipione, 2011. p. 101.

Atividades econômicas no Brasil colonial

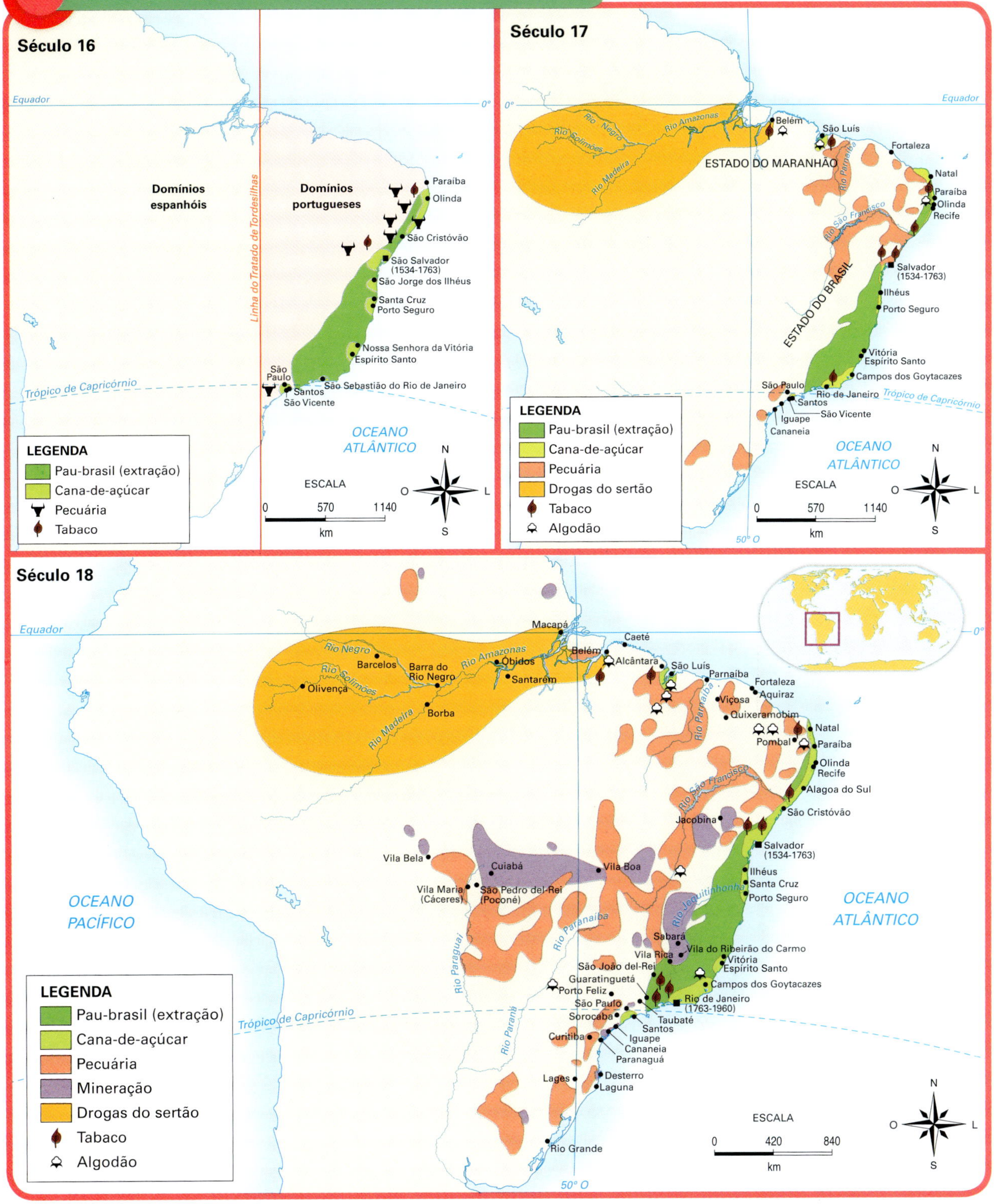

Adaptado de: **Atlas histórico geral & Brasil**. Cláudio Vicentino. São Paulo: Scipione, 2011. p. 102.

Povoamento da colônia (séculos 16 a 18)

Povoamento no século 16

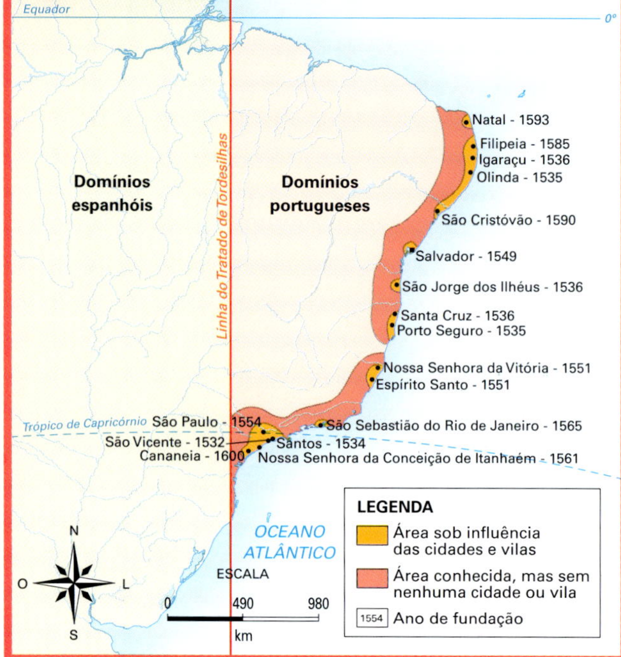

Povoamento no século 17

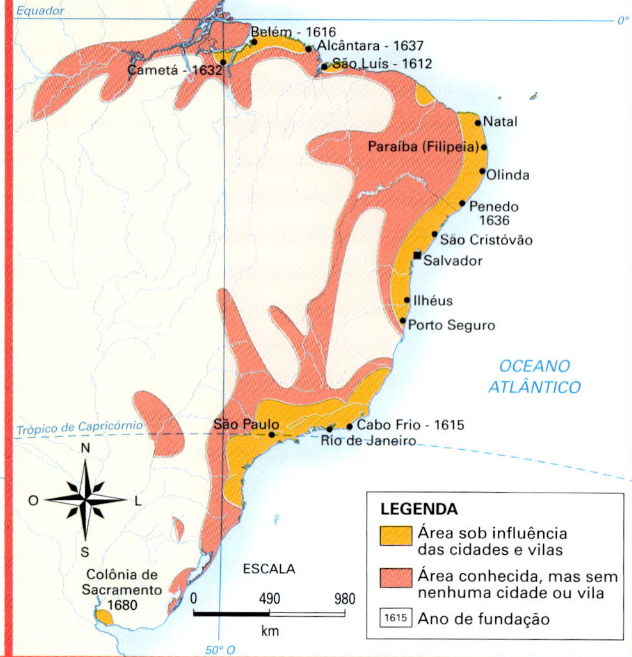

Povoamento no século 18

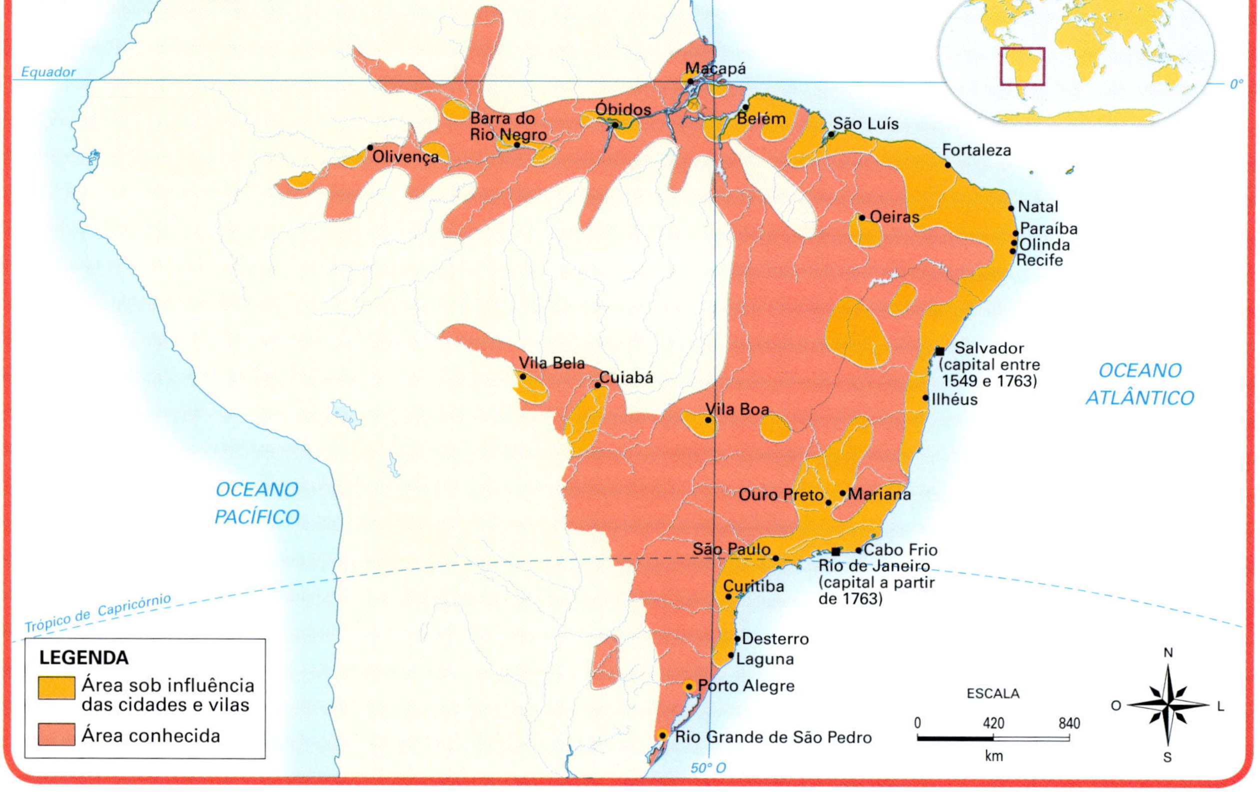

Adaptado de: **Atlas histórico geral & Brasil**. Cláudio Vicentino. São Paulo: Scipione, 2011. p. 103.

A independência do Brasil e dos outros países da América Latina

Adaptado de: **Atlas histórico geral & Brasil**. Cláudio Vicentino. São Paulo: Scipione, 2011. p. 127.

Grandes conflitos no Brasil Império entre 1824 e 1845

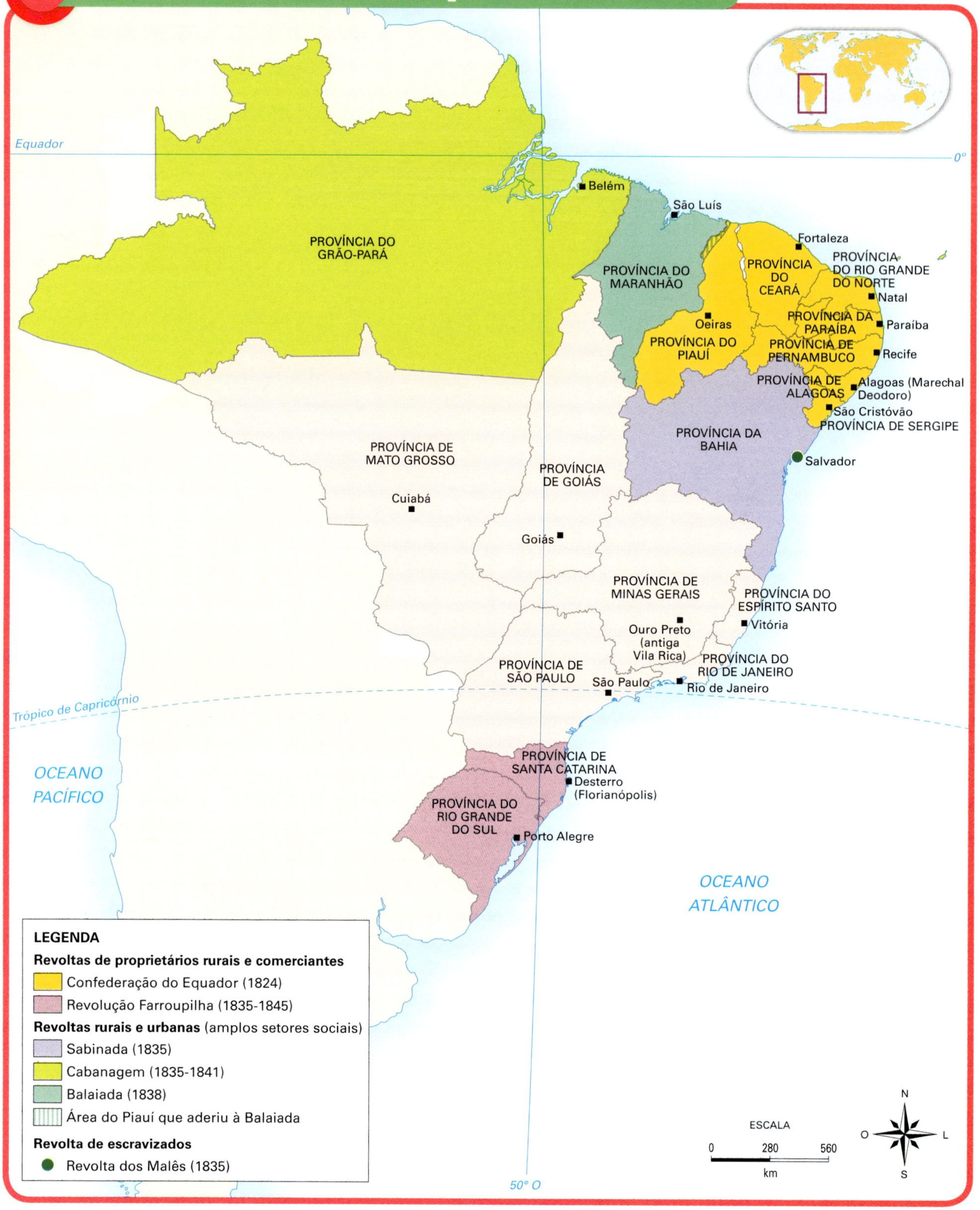

Adaptado de: **Atlas histórico geral & Brasil**. Cláudio Vicentino. São Paulo: Scipione, 2011. p. 128.

Projeto LUMIRÁ

Este é o seu livro de **História do 4º ano**.

Escreva aqui o seu nome:

____

____

Este livro vai ajudar você a descobrir mais sobre o encontro entre os portugueses e os povos indígenas, a ocupação portuguesa do território brasileiro, o trabalho no Brasil colônia, a independência do Brasil e muitos acontecimentos do passado.

Mãos à obra!

CARO ALUNO

Você cresceu bastante. Está pronto para aprender mais coisas importantes e enfrentar novos desafios, como:

- ler e escrever com mais desenvoltura, compreendendo melhor diferentes palavras e textos;
- identificar e operar com números cada vez maiores, frações e decimais, e explorar figuras, medidas, tabelas e gráficos;
- compreender melhor o corpo humano, os fenômenos da natureza e a importância da conservação do ambiente.
- conhecer mais do planeta Terra e do Brasil;
- entender a história do Brasil e das pessoas que vivem em nosso país.

O **Projeto Lumirá** vai ajudá-lo com textos, atividades, jogos, ilustrações e fotografias muito interessantes. Você vai continuar aprendendo sempre mais e se divertindo com as novas descobertas.

Bom estudo!

COMO É O MEU LIVRO?

Este livro tem quatro Unidades, cada uma delas com três capítulos. No final, na seção **Para saber mais** há indicações de livros, vídeos e *sites* para complementar seu estudo.

ABERTURA DE UNIDADE

Você observa a imagem, pensa em tudo o que já conhece e troca ideias com os colegas.

CAPÍTULOS

Textos, fotografias e mapas vão motivar você a pensar, questionar e aprender. Há atividades sobre cada tema. No final do capítulo, a seção **Atividades do capítulo** traz mais exercícios para completar seu estudo.

ENTENDER O TEMPO HISTÓRICO

Este é o momento de descobrir o que aconteceu no passado por meio do estudo de imagens e textos.

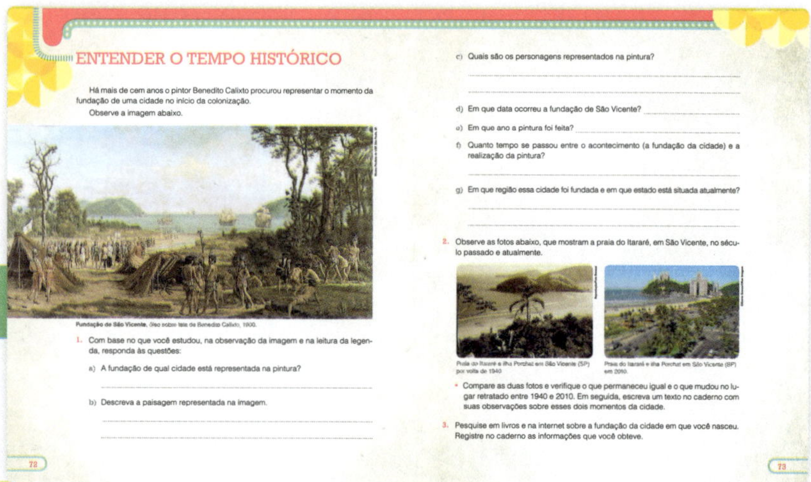

ÍCONE

Atividade oral

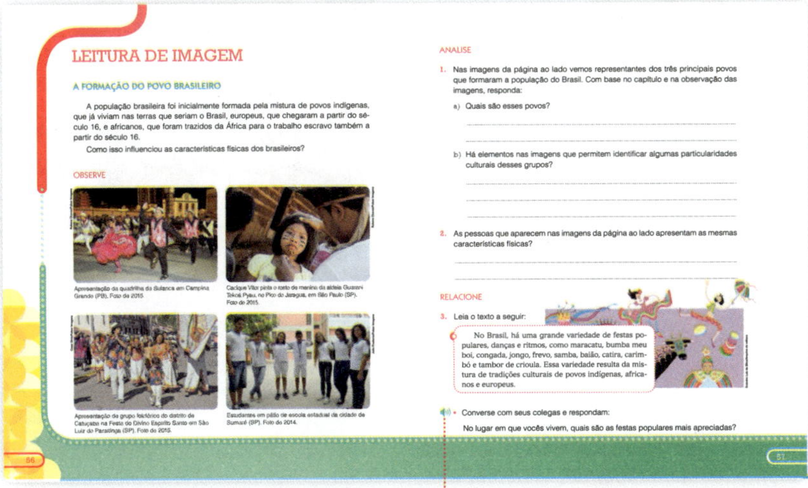

LEITURA DE IMAGEM

Nesta seção você vai trabalhar com imagens. As fotografias ajudam você a refletir sobre os temas estudados.

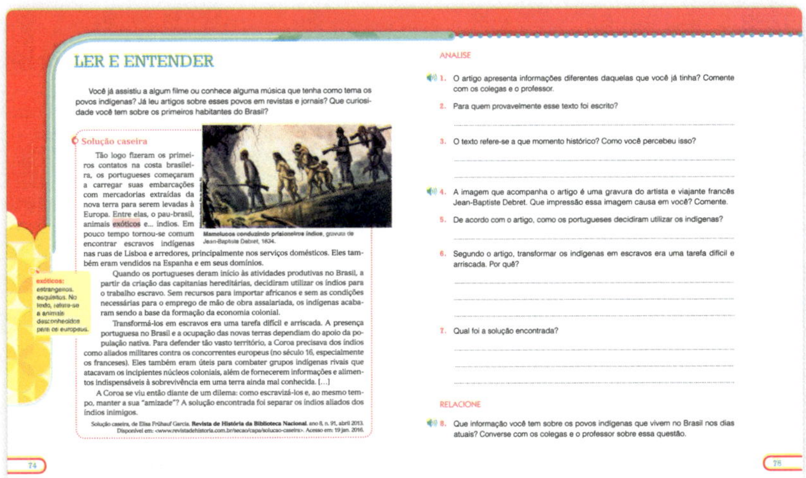

LER E ENTENDER

Aqui você vai ler diferentes textos. Um roteiro de leitura vai ajudar você a ler cada vez melhor e a relacionar o que leu aos conteúdos estudados.

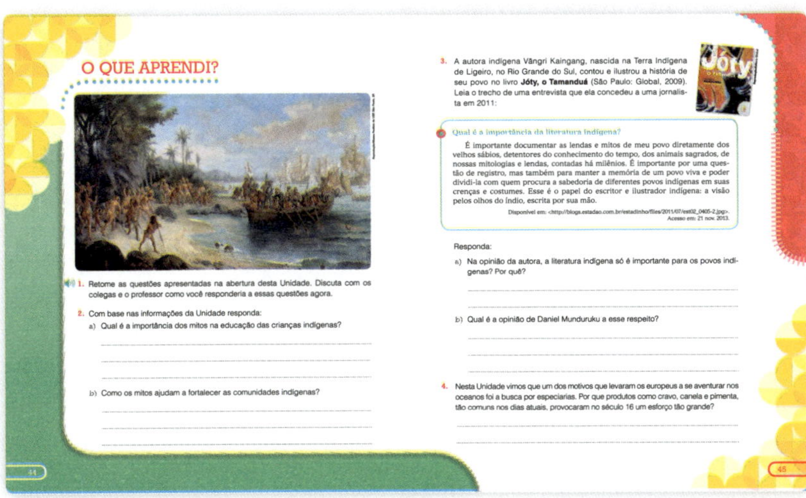

O QUE APRENDI?

Aqui você encontra atividades para pensar no que aprendeu, mostrar o que já sabe e refletir sobre o que precisa melhorar.

SUMÁRIO

Reprodução/Museu Paulista da USP, São Paulo, SP.

Artur Keunecke/Pulsar Imagens

UNIDADE 1

UNIDADE 2

Bridgeman/Keystone

Marc Ferrez/Instituto Moreira Salles

UNIDADE 3

UNIDADE 4

UNIDADE 1

ENCONTRO ENTRE POVOS

Desembarque de Cabral em Porto Seguro em 1500, óleo sobre tela de Oscar Pereira da Silva, 1922. Museu Paulista da USP.

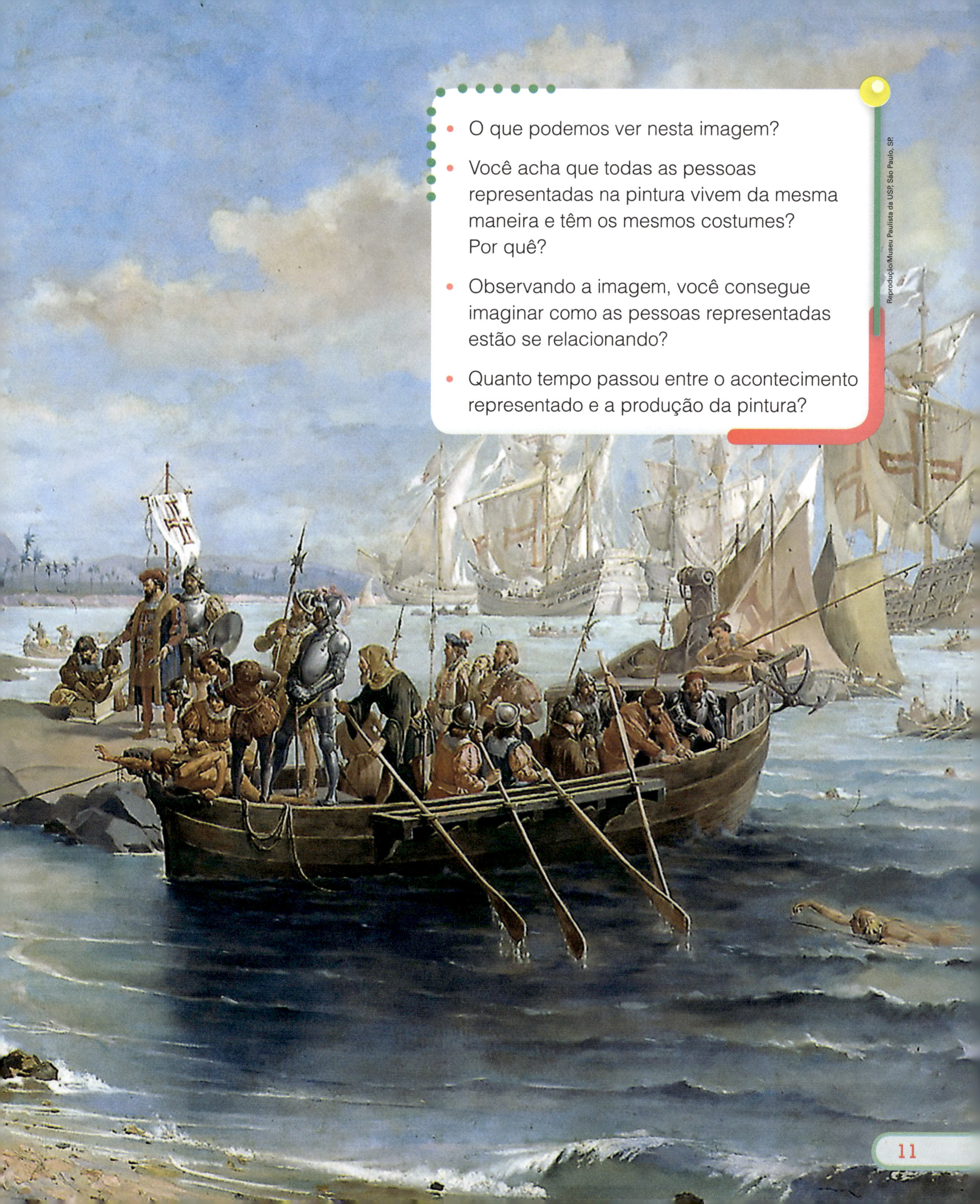

- O que podemos ver nesta imagem?
- Você acha que todas as pessoas representadas na pintura vivem da mesma maneira e têm os mesmos costumes? Por quê?
- Observando a imagem, você consegue imaginar como as pessoas representadas estão se relacionando?
- Quanto tempo passou entre o acontecimento representado e a produção da pintura?

CAPÍTULO 1

QUEM VIVIA AQUI

OS PRIMEIROS HABITANTES

Muito antes de o continente que habitamos se chamar "América" e de nosso país se chamar "Brasil", vários grupos humanos já habitavam essas terras. Não se sabe ao certo como chegaram aqui, mas os estudos indicam que a ocupação humana teve início na África e dali partiram várias migrações.

Você pode imaginar como viviam esses primeiros habitantes? Os vários grupos tinham um modo de vida igual? Quais seriam as diferenças e as semelhanças entre o modo de vida deles e o nosso?

Veja no **Miniatlas** o mapa das páginas 4 e 5.

CAÇA, PESCA E COLETA

Para saber como viviam os primeiros povoadores, os arqueólogos e historiadores estudam os vestígios que eles deixaram, como utensílios de pedra e desenhos em cavernas. Tais estudos mostram que os antigos grupos humanos do nosso continente se alimentavam dos animais que caçavam e dos frutos e vegetais que coletavam.

arqueólogos: cientistas que estudam o passado da humanidade por meio de vestígios e objetos deixados por grupos humanos.

Cavernas com pinturas nas paredes, no Parque Nacional da Serra da Capivara, no município de São Raimundo Nonato (PI). Foto de 2015.

Fabio Colombini/Acervo do fotógrafo

Por causa de seu modo de viver, esses grupos humanos são chamados **caçadores-coletores**. Eles não plantavam o que comiam; assim, quando diminuía a quantidade de alimentos em um local, mudavam para outro. Como não tinham um lugar fixo para morar, dizemos que eram **nômades**.

Eles fabricavam ferramentas que facilitavam a caça e a coleta usando a técnica de lascar as pedras. Com uma pedra menor batiam em uma maior, tirando lascas até que a pedra ficasse no formato desejado. Com essa técnica, chamada **pedra lascada**, fabricavam pontas de flecha e de lança como as que você pode ver nas imagens ao lado.

Os caçadores-coletores viviam nos campos e nas florestas, procurando abrigo em cavernas e rochas. Muitos deles fizeram desenhos nas paredes desses lugares representando pessoas, animais e cenas de caçadas e de guerras. Essas pinturas nos ajudam a conhecer um pouco mais sobre a vida naquela época. Observe as imagens.

Wagner Souza e Silva/Museu de Arqueologia e Etnologia da USP, São Paulo, SP.

Pontas de flechas encontradas no litoral sul do estado de São Paulo.

Renato Soares/Pulsar Imagens

Pontas de flechas encontradas em Carmo do Rio Claro (MG).

Fabio Colombini/Acervo do fotógrafo

Emas, aves comuns em campos e cerrados brasileiros, em pintura do Parque Nacional da Serra da Capivara, no município de São Raimundo Nonato (PI). Foto de 2015.

MUDANÇAS AO LONGO DO TEMPO

Por volta de 2 mil anos atrás, os grupos humanos que ocupavam o território que corresponde ao Brasil começaram a praticar a agricultura. No início provavelmente cultivavam produtos como mandioca, cará, amendoim, abóbora, cacau, mate, abacaxi, entre outros usados no dia a dia. Você pode imaginar como isso mudou a vida desses povos?

Depois de plantar, eles precisavam esperar alguns meses para colher os vegetais. Por isso, passaram a viver mais tempo em um mesmo lugar, construindo moradias e formando aldeias. Quando a terra ficava menos produtiva, eles se mudavam de novo.

Fabio Colombini/Acervo do fotógrafo

AGRICULTORES CERAMISTAS

Alguns povos agricultores fabricavam utensílios de cerâmica, que era feita de argila e cozida no fogo até endurecer. Confeccionavam vários tipos de pote, utilizados para guardar e transportar alimentos e água, para cozinhar ou para enterrar os mortos. Cada pote tinha um formato diferente, de acordo com sua função. Restos de objetos de cerâmica foram encontrados nas margens do rio Amazonas e de seus afluentes. O estudo desses vestígios indica que desde 4 mil anos atrás havia grupos de agricultores ceramistas estabelecidos ao longo do rio Amazonas.

Há cerca de 500 anos, ou seja, no século 16, a maioria dos povos que habitavam as terras que conhecemos como Brasil fabricava objetos de cerâmica e praticava a agricultura, mas também caçava, pescava e coletava frutos silvestres para sobreviver. Os pesquisadores calculam que nessa época havia mais de mil povos indígenas distintos, somando entre 2 e 4 milhões de pessoas.

Alguns estudiosos agrupam esses povos de acordo com a origem de suas línguas: falantes de línguas da família tupi-guarani, da família jê, da família karib e da família aruak, entre outras. Estima-se que no século 16 mais de mil línguas eram faladas no território que corresponde ao Brasil. Hoje existem mais de 240 povos indígenas no Brasil. São mais de 800 mil pessoas falando mais de 150 línguas.

Wagner Souza e Silva/MAE/USP

Cerâmicas produzidas cerca de 1 200 anos atrás na Ilha de Marajó (PA).

Diferentes calendários e medidas de tempo

Os povos organizam o tempo histórico de acordo com suas crenças e seus costumes. O calendário judaico, por exemplo, foi organizado com base na história tradicional desse povo e determina as datas dos feriados e cerimônias religiosas. O calendário muçulmano tem como referência o ano em que Maomé fugiu de Meca para Medina. Os povos cristãos usam o ano do nascimento de Cristo como ponto de partida para medir o tempo histórico.

A sociedade em que vivemos herdou a tradição cristã. Assim, dizemos que um acontecimento ocorreu antes de Cristo (a.C.) ou depois de Cristo (d.C.). Veja a linha do tempo abaixo.

Evandro Luiz/Arquivo da editora

Contando os séculos

Um século corresponde a cem anos. Por exemplo:

O século XV (15) vai de 1401 a 1500.

O séculço XVIII (18) vai de 1701 a 1800.

O século XX (20) vai de 1901 a 2000.

Adaptado de: **Aprendendo História e Geografia**, de César Coll e Ana Teberosky. São Paulo: Ática, 2000.

ATIVIDADES

- Com base no texto e nas ilustrações acima, responda:

  a) Você nasceu quantos anos depois do nascimento de Cristo?

  ____

  b) As terras que formam o território do Brasil atual eram habitadas antes do nascimento de Cristo? ______________________________

  c) Em que século estamos? ______________________________

  d) Em que ano vai começar o próximo século? ______________________________

A DIVERSIDADE DOS POVOS INDÍGENAS

Os povos indígenas que ocuparam o território do atual Brasil adaptaram-se a diferentes ambientes, como a floresta Amazônica, o cerrado e a mata Atlântica. Eles criaram culturas distintas, com línguas, crenças, regras e costumes diferentes. O formato e a disposição de suas habitações, por exemplo, variavam. Em algumas aldeias, as moradias formavam um círculo; em outras, formavam uma ferradura ou uma fileira.

Apesar das diferenças, havia características comuns. As terras que habitavam, por exemplo, não pertenciam a uma única pessoa; elas eram coletivas. Fora as armas e alguns utensílios, como cestas e potes, quase tudo era dividido entre todos. Em algumas aldeias, até os alimentos eram divididos.

Os povos indígenas plantavam, caçavam, pescavam e coletavam apenas o que era necessário para viver. Em geral, homens e mulheres tinham tarefas diferentes. As mulheres cuidavam da plantação, faziam vasilhas de cerâmica e tecidos, preparavam alimentos, como a farinha de mandioca, e cuidavam das crianças. Já os homens se ocupavam principalmente da caça e da pesca.

Os indígenas não costumavam ficar sempre no mesmo território. Muitas vezes tinham um lugar fixo para morar e vários acampamentos para caçar, coletar vegetais e pescar. Mesmo quando se estabeleciam em um único lugar, era comum que se afastassem dele para guerrear, caçar, visitar parentes em outras aldeias ou fazer novas plantações.

Eles abriam caminhos pelas matas e usavam os rios para viajar, em canoas feitas de troncos de árvores. Muitos desses caminhos se transformaram nas estradas pelas quais viajamos atualmente no Brasil.

cerrado: vegetação formada por arbustos e árvores baixas e retorcidas.

culturas: formas de viver de um grupo de pessoas, com seus conhecimentos, suas crenças, suas artes, etc.

Veja no seu **Miniatlas**, na página 7, o mapa que mostra os grupos indígenas no Brasil antes da conquista portuguesa e na atualidade.

Edson Sato/Pulsar Imagens

Mulheres yanomamis navegam pelo rio Mucajaí, em Macajaí (RR). Foto de 2010.

CRENÇAS E MITOS

Os povos indígenas acreditavam em diferentes divindades e no poder das forças da natureza, como o trovão e as tempestades. Em geral, tinham um chefe espiritual, o pajé ou xamã. Ele era encarregado de curar as doenças e de fazer as cerimônias da comunidade.

Os **mitos** eram muito importantes na transmissão dos conhecimentos de uma geração para a outra. Você sabe o que são os mitos?

Mitos são histórias que explicam os fatos mais importantes de um povo. Há mitos que explicam o início do mundo, o surgimento dos seres vivos, o funcionamento da natureza e do Universo. Nessas histórias, heróis e seres fantásticos vivem grandes aventuras. Como exemplo, leia ao lado um mito do povo Munduruku sobre o dia e a noite.

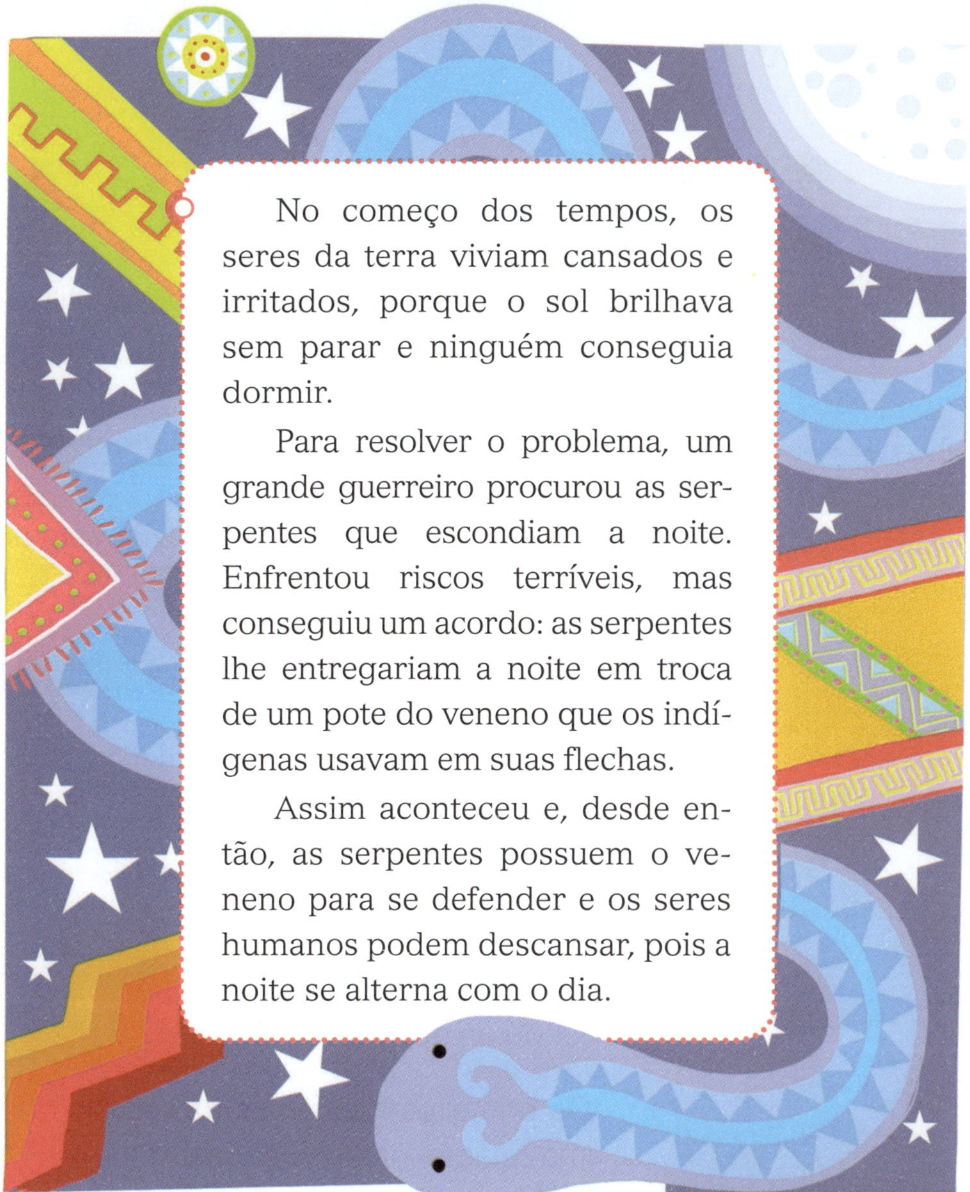

No começo dos tempos, os seres da terra viviam cansados e irritados, porque o sol brilhava sem parar e ninguém conseguia dormir.

Para resolver o problema, um grande guerreiro procurou as serpentes que escondiam a noite. Enfrentou riscos terríveis, mas conseguiu um acordo: as serpentes lhe entregariam a noite em troca de um pote do veneno que os indígenas usavam em suas flechas.

Assim aconteceu e, desde então, as serpentes possuem o veneno para se defender e os seres humanos podem descansar, pois a noite se alterna com o dia.

Evandro Luíz da Silva/Arquivo da editora

Nos dias de hoje, entre os povos indígenas que buscam preservar suas tradições, como os Munduruku, os mitos fazem parte da educação das crianças. Narrados oralmente pelos mais velhos, os mitos passam de uma geração para outra, transmitindo conhecimentos e contribuindo para afirmar os valores e a identidade do grupo.

ATIVIDADES

1 Forme uma dupla com um colega e identifiquem, dentro da escola, alguns objetos de uso coletivo e alguns de propriedade individual. Anotem no caderno.

2 Depois, sozinho, reflita sobre a seguinte questão: quem deve cuidar dos objetos coletivos? Escreva no caderno e, sob orientação do professor, leia a resposta para a classe.

ATIVIDADES DO CAPÍTULO

1. Leia as expressões a seguir e depois utilize-as para completar o quadro abaixo.

caçadores-coletores | faziam instrumentos de pedra lascada | nômades | faziam cerâmica | ocupavam cavernas e abrigos nas rochas | viviam em aldeias | agricultores

Período	Primeiros povoadores do atual Brasil
De 40 mil até 4 mil anos atrás	
De 4 mil até 1 500 anos atrás	

2. Responda às questões a seguir:

a) "Os primeiros habitantes das terras que correspondem ao Brasil atual tinham uma relação próxima com a natureza." Que atividades desenvolvidas por eles justificam essa afirmação?

____

____

____

____

b) Comparando a sua vida com a vida desses primeiros habitantes das nossas terras, o que você acha que é mais diferente? Há algo parecido? Explique.

____

____

____

3. Observe a imagem. Trata-se de uma aquarela pintada pelo príncipe alemão Maximilian de Wied-Neuwied, que viajou pelo Brasil no século 19 estudando a natureza e as populações indígenas. Em seguida, responda às questões.

Família de Botocudo, aquarela do príncipe alemão Maximilian de Wied-Neuwied, 1816.

Biblioteca Brasiliana da Robert Bosch GMBH

a) Quem são as pessoas que ele retratou na imagem?

____

____

____

b) Descreva a imagem no caderno.

c) Por que você acha que os indígenas estão caminhando?

____

____

____

____

d) Segundo o que você aprendeu no capítulo, responda no caderno: qual era o papel das mulheres indígenas nessas sociedades?

CAPÍTULO

2 OS EUROPEUS EM 1500

PORTUGAL E ESPANHA BUSCAM OUTRAS TERRAS

No século 16, o continente europeu estava dividido em vários reinos. Dois desses reinos, Portugal e Espanha, passavam por sérios problemas: falta de alimentos, epidemias e revoltas de camponeses, que viviam em grande pobreza.

epidemias: doenças que surgem rapidamente e podem atingir um grande número de pessoas, como a população de uma cidade ou de um país.

Na tentativa de resolver essa crise, os governantes desses reinos decidiram explorar terras fora da Europa. Pretendiam comprar e vender produtos em outros locais para aumentar seus lucros com o comércio.

O melhor caminho para chegar a essas terras era pelo mar, pois os comerciantes italianos dominavam as rotas terrestres. No caso de Portugal, o rei e grandes comerciantes patrocinaram viagens pelo oceano Atlântico. Essas viagens só foram possíveis graças aos avanços técnicos. Naquela época, foram melhorados os instrumentos para navegação, como a bússola e o astrolábio, e as embarcações. Assim, os portugueses tornaram-se capazes de navegar por distâncias maiores, com as naus e as caravelas, iniciando a chamada **expansão marítima e comercial europeia**.

As viagens desse período, conhecidas como **Grandes Navegações**, trouxeram riquezas para o rei, para a nobreza e para os comerciantes. Para a população mais simples, da qual faziam parte muitos marinheiros, foi uma oportunidade de fugir da fome e das doenças. Para a Igreja católica, a expansão marítima foi uma forma de levar o cristianismo aos povos que tinham outras crenças.

Astrolábio do século 16.

Luisa Ricciarini/Leemage/Agência France-Presse

Rodval Matias/Arquivo da editora

Os portugueses aperfeiçoaram o astrolábio. É um instrumento naval antigo, usado para medir a altura dos astros acima do horizonte.

Peça de cerâmica representando uma caravela, século 15.

Alfredo Dagli Orti/The Art Archive/Corbis/Latinstock

Na África, na Ásia e depois na América, várias riquezas foram encontradas. Entre elas estavam temperos e plantas aromáticas que hoje em dia compramos facilmente nos mercados, como a canela, o cravo, a pimenta e o gengibre. Esses produtos eram chamados de **especiarias** e, além de temperar, tinham uma função importante: ajudavam a conservar os alimentos (como as carnes), já que não havia geladeiras. Algumas especiarias também eram usadas como remédios no tratamento de doenças. Por isso, eram produtos muito valorizados na Europa.

Os europeus se interessavam também por pedras preciosas, pérolas, metais, como o ouro e a prata, e produtos de luxo, como a seda e as porcelanas.

The Bridgeman Art Library/Keystone

Vaso de porcelana chinesa do século 15.

M. Unal Ozmen/Shutterstock

pimenta-do-reino

Coprid/Shutterstock

canela

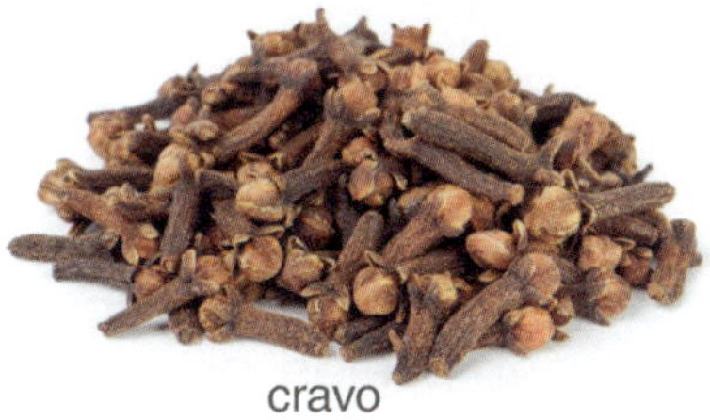

GooDween123/Shutterstock

cravo

Binh Thanh Bui/Shutterstock

gengibre

Diana Taliun/Shutterstock

noz-moscada

ATIVIDADES

1 Observe as fotos acima. Quais das especiarias representadas você conhece?

____

____

2 Você sabe para que são usadas?

____

____

____

O AVANÇO DAS GRANDES NAVEGAÇÕES

colônias: regiões administradas por um Estado (reino, país) e situadas fora de seu território principal.

feitorias: estabelecimentos comerciais localizados nos portos das colônias. Muitas vezes, essas feitorias eram também fortalezas que defendiam a colônia de possíveis invasores.

No final do século 14, Portugal começou as viagens marítimas. Essas viagens eram verdadeiras aventuras em direção ao desconhecido. Inicialmente, os portugueses navegaram próximos ao norte da África. Eles fundaram colônias no arquipélago dos Açores e na ilha da Madeira, onde plantaram trigo e cana-de-açúcar. Assim, não precisavam comprar esses produtos de outras regiões.

Depois, continuaram descendo pela costa africana, procurando contornar esse continente. O objetivo era encontrar um caminho marítimo para as Índias, como era chamado o Oriente. Os portugueses fundaram várias feitorias para negociar com os povos africanos. Nesses locais, trocavam artigos europeus, como tecidos, vidro e outros, por produtos africanos, como marfim, ouro e pimenta.

Vários navegadores tentaram contornar o continente africano. Em 1487, **Bartolomeu Dias** foi o primeiro a chegar até o cabo das Tormentas, no sul do continente africano. Depois, o local passou a se chamar cabo da Boa Esperança. Essas viagens encorajavam outros navegadores.

PERIGO EM ALTO-MAR

A vida dos navegantes era muito difícil. Nas longas viagens, eles passavam fome e sede. Dentro das caravelas, um espaço muito pequeno era compartilhado com muita gente. Havia ratos, pulgas e outros animais que espalhavam doenças. Além disso, o mar trazia perigos. Muitos barcos afundavam durante as tempestades antes de chegar ao seu destino.

Frederic Soltan/Corbis/Latinstock

Monumento aos descobrimentos, Lisboa, 2011. Construído na margem direita do rio Tejo, em forma de caravela, o monumento traz as figuras de vários navegadores da época dos descobrimentos, como Bartolomeu Dias e Vasco da Gama.

Em 1497, **Vasco da Gama** partiu de Portugal e quase dois anos depois chegou a Calicute, na Índia. Foi ele quem ultrapassou o cabo da Boa Esperança pela primeira vez. Em 1499, com outros marinheiros, Vasco da Gama voltou a Portugal com os navios abarrotados de especiarias.

Em 1500, foi a vez de **Pedro Álvares Cabral** partir de Portugal para a Índia. Após se desviar da rota prevista, chegou depois de 43 dias aonde hoje é o Brasil.

Os espanhóis iniciaram as navegações pela conquista das ilhas Canárias, no litoral da África. A expedição marítima espanhola mais importante pelo Atlântico foi realizada pelo navegador **Cristóvão Colombo**, financiado pelos reis espanhóis Fernando de Aragão e Isabel de Castela.

No século 15, muitas pessoas acreditavam que a Terra era plana como um prato. Mas Cristóvão Colombo e outros estudiosos achavam que a Terra era redonda e que, navegando pelo oceano Atlântico em direção ao oeste, era possível chegar às Índias. Eles estavam certos. No entanto, havia um continente nesse caminho: a América.

Veja no seu **Miniatlas** o mapa das páginas 8 e 9.

Em 1492, Colombo partiu da Espanha em direção ao oeste e chegou à ilha de Guanahani, nas Antilhas, que rebatizou como San Salvador.

Observe a rota de algumas dessas viagens na ilustração abaixo.

Quanta estúdio/Arquivo da editora

AS CONQUISTAS DE PORTUGAL E OS PAÍSES ONDE SE FALA PORTUGUÊS

Quando os conquistadores portugueses chegaram às terras que constituem o Brasil, todo o litoral era ocupado por povos Tupi. Da língua desses povos vêm muitas palavras que utilizamos, como Pará (que significa 'mar'), Paraná (que significa 'semelhante ao mar') ou Parati ('peixe branco'). Mas por que nós falamos português e não tupi? Porque os conquistadores portugueses obrigaram os povos que aqui viviam a adotar sua língua, seus costumes e sua religião, que era a católica.

Isso também aconteceu em outras áreas do mundo colonizadas por Portugal na época da expansão marítima. Assim, existem hoje vários países cuja língua oficial é o português. Em cada um deles, porém, o idioma e os costumes trazidos pelos portugueses se misturaram aos idiomas e aos costumes locais. Veja nas imagens pessoas que falam português em diferentes lugares do mundo.

Mauricio Abreu/JAI/Corbis/Latinstock

Ilha da Madeira, Portugal.

Felix Lipov/Shutterstock

Vilankulo, Moçambique.

Anton_Ivanov/Shutterstock

Luanda, Angola.

gaborbasch/Shutterstock

Gabu, Guiné-Bissau.

Jody Macdonald/National Geographic Creative/Corbis/Latinstock

São Vicente, Cabo Verde.

Runkel/robertharding/Corbis/Latinstock

São Tomé, São Tomé e Príncipe.

Você deve ter percebido que no Brasil a população de cada região tem seu modo de falar e expressões típicas. Além de palavras que são de origem tupi, principalmente para nomear plantas e animais (por exemplo, abacaxi, mandioca ou tatu), também usamos palavras de influência africana (por exemplo, cafuné, samba e batucar). Essa é uma das contribuições culturais dos africanos que desde o século 16 chegaram ao Brasil.

O Brasil é o único país nas Américas em que o português é a língua oficial. Também é o país lusófono que tem mais pessoas falando essa língua: mais de 200 milhões.

Hoje em dia, as antigas colônias portuguesas são países independentes e alguns deles fazem parte da Comunidade dos Países de Língua Portuguesa (CPLP). São eles: Angola, Brasil, Cabo Verde, Guiné-Bissau, Guiné Equatorial, Moçambique, Portugal, São Tomé e Príncipe e Timor-Leste.

Entre os objetivos da Comunidade está a colaboração em áreas como educação, saúde e cultura. Além disso, esses países buscam promover a língua portuguesa, tornando-a mais conhecida mundialmente.

Língua portuguesa como idioma oficial no mundo – 2016

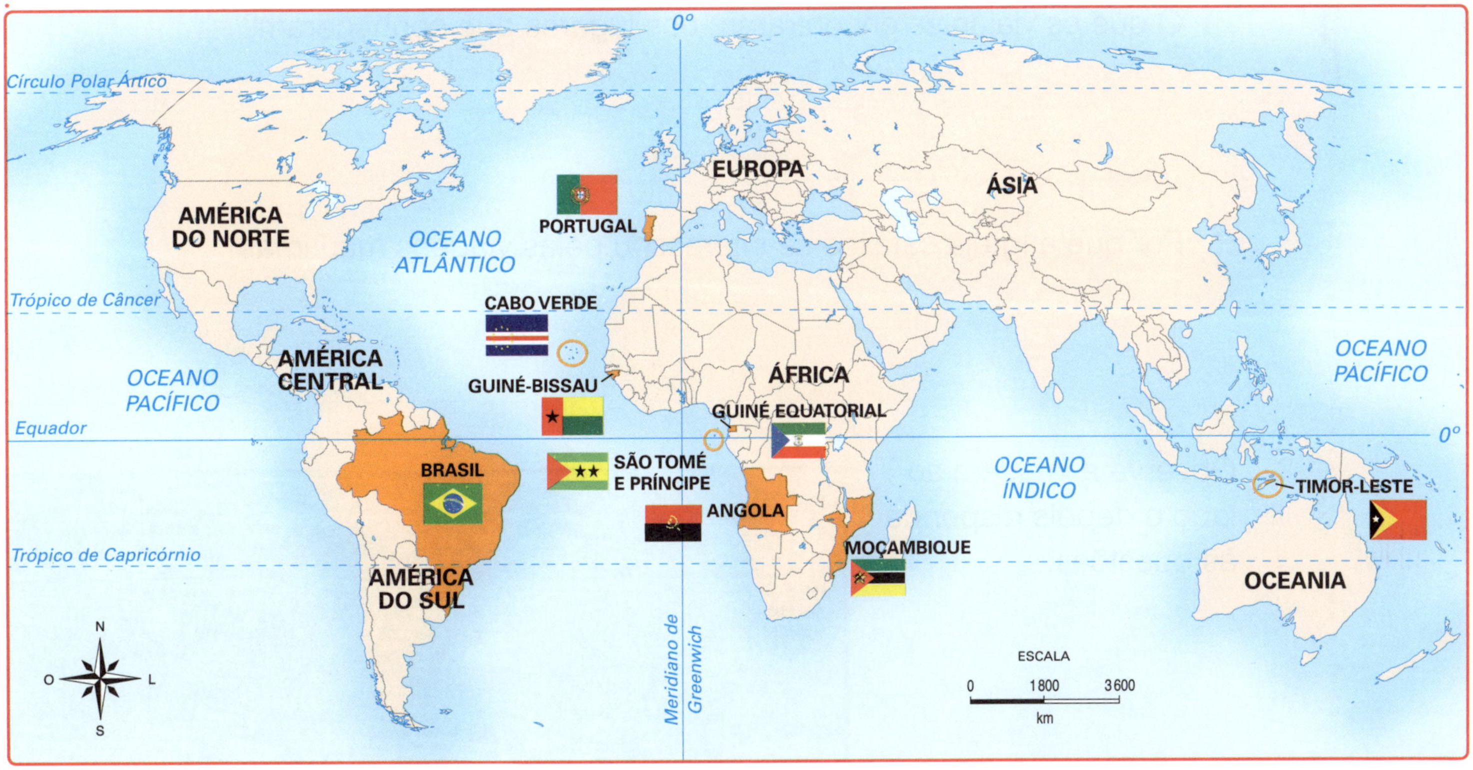

Comunidade dos Países de Língua Portuguesa. Disponível em: <www.cplp.org/Files/Billeder/cplp/bandeira/mapa_CPLP.jpg>. Acesso em: 11 fev. 2016.

ATIVIDADES

1 Converse com o professor e os colegas. Juntos, façam uma lista de palavras típicas da região em que vocês vivem.

2 Você conhece expressões que são características de outros lugares ou regiões do Brasil? Quais?

ATIVIDADES DO CAPÍTULO

1. Responda às questões.

a) Por que os europeus iniciaram as viagens marítimas?

b) O que os viajantes encontraram nos lugares que conheceram?

c) Por que a Igreja católica se interessou pelas viagens marítimas?

2. Observe a imagem ao lado e depois responda às questões.

Ilustração da obra **Cosmographia**, uma descrição do mundo publicada pelo cartógrafo alemão Sebastian Münster em 1544. Esse livro foi traduzido em várias línguas e tornou-se muito popular. Trazia vários mapas e gravuras de lugares conhecidos e desconhecidos pelos europeus na época.

AKG-Images/Album/Latinstock/Coleção particular

a) Que dificuldades enfrentadas pelos navegantes aparecem na imagem da página ao lado?

____

____

b) Com base nas informações do capítulo, cite outras dificuldades enfrentadas nas viagens marítimas dos séculos 15 e 16.

____

____

____

3. Com base no que você estudou neste capítulo, qual foi o resultado das navegações marítimas dos séculos 15 e 16? Responda no caderno.

4. No século 15, teve início uma troca de produtos entre a Europa, a América e a África. Alimentos vindos da América, como a batata, o milho, o feijão e o abacaxi, tornaram-se conhecidos na Europa. Já os europeus trouxeram para a América o trigo, a cana-de-açúcar, o arroz, a laranja, a uva, entre outros. Hoje, esses produtos estão presentes no mundo todo. Observe a imagem ao lado e depois responda às questões no caderno.

a) Que produtos da imagem você conhece? Eles são comuns na sua casa?

b) Escolha dois produtos alimentícios comuns em sua casa e pesquise a origem deles. Registre no caderno o que descobriu.

c) Como você imagina que era a alimentação das pessoas antes do início das navegações?

5. Você conhece algum prato feito com especiarias? Qual?

Ismar Ingber/Pulsar Imagens

Frutas à venda em feira livre do bairro do Flamengo, na cidade do Rio de Janeiro (RJ). Foto de 2015.

CAPÍTULO

3 OS CONQUISTADORES PORTUGUESES

O ENCONTRO DE PORTUGUESES E INDÍGENAS

Quando desembarcaram nas terras onde hoje é o Brasil, os portugueses entraram em contato com os indígenas que aqui viviam. Vimos que naquela época europeus e indígenas tinham características muito diferentes, como o idioma, os costumes e a religião. Você consegue imaginar como foi esse encontro? É isso que vamos estudar neste capítulo.

Os povos indígenas que habitavam as terras que hoje são o Brasil também eram distintos entre si e falavam línguas diferentes. O primeiro grupo a fazer contato com os portugueses foi o grupo Tupiniquim, que falava a língua tupi e vivia no litoral onde hoje é a Bahia. Foi nesse lugar que os navegantes portugueses desembarcaram.

As diferenças de costumes entre indígenas e portugueses eram visíveis já na aparência. Enquanto os portugueses usavam calças, camisas e botas, os indígenas andavam nus. Eram morenos e fortes; alguns tinham o corpo pintado e usavam penas coloridas como enfeite. Além das diferenças no visual, indígenas e portugueses falavam línguas diferentes e não compreendiam a língua um do outro. Por isso, é provável que nos primeiros contatos eles tenham se comunicado por gestos.

A primeira missa no Brasil, óleo sobre tela de Victor Meirelles, 1860.

Religião, costumes e tradições também eram distintos. Enquanto os portugueses eram católicos, cada grupo indígena tinha suas próprias crenças. Em geral, os indígenas acreditavam em vários deuses e no poder das forças da natureza.

Observe a pintura ao lado. Depois, troque ideias com o professor e os colegas sobre como o artista representou os indígenas e os portugueses.

Pindorama: a terra das palmeiras

Os Tupi-Guarani chamavam de Pindorama a terra que hoje chamamos de Brasil.

Quando Pedro Álvares Cabral chegou, deu o nome de Ilha de Vera Cruz ao local onde desembarcou. Esse nome mudou para Terra de Santa Cruz após ter sido constatado que não se tratava de uma ilha.

Reprodução/Cosac Naify

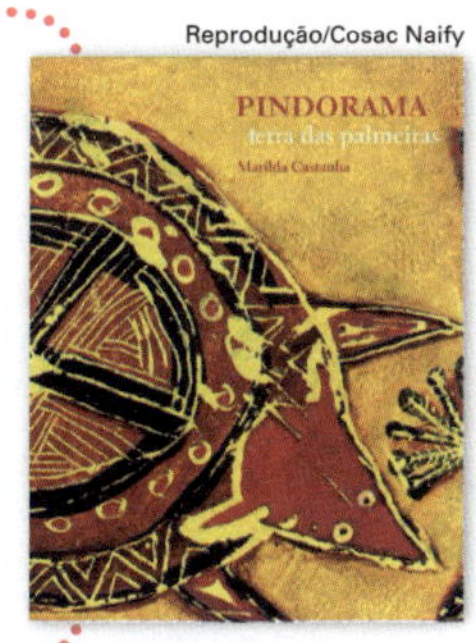

Esse livro nos leva a Pindorama, onde viviam Kayapós, Xavantes, Pataxós, Tupinambás e outras etnias indígenas.

Os portugueses estavam interessados em ouro, prata e pedras preciosas, mas não os encontraram no início. Assim, não se preocuparam em dominar as terras naquele momento.

Um dos portugueses, o escrivão Pero Vaz de Caminha, mandou uma carta ao rei de Portugal contando o que havia sido encontrado. Por isso temos a versão dos europeus sobre o fato, mas não a dos indígenas. Leia um trecho da carta em que Caminha descreve a terra encontrada:

> Não pudemos saber até agora que nela haja ouro, nem prata, nem nenhuma coisa de metal, nem de ferro, nem lho vimos. Porém, a terra em si é de muito bons ares [...]. E de tal maneira é graciosa que, querendo aproveitá-la, dar-se-á nela tudo [...].
>
> Carta de Pero Vaz de Caminha ao rei de Portugal, dom Manuel. Disponível em: <www.educacaopublica.rj.gov.br/biblioteca/historia/0015.html>. Acesso em: 5 jan. 2016.

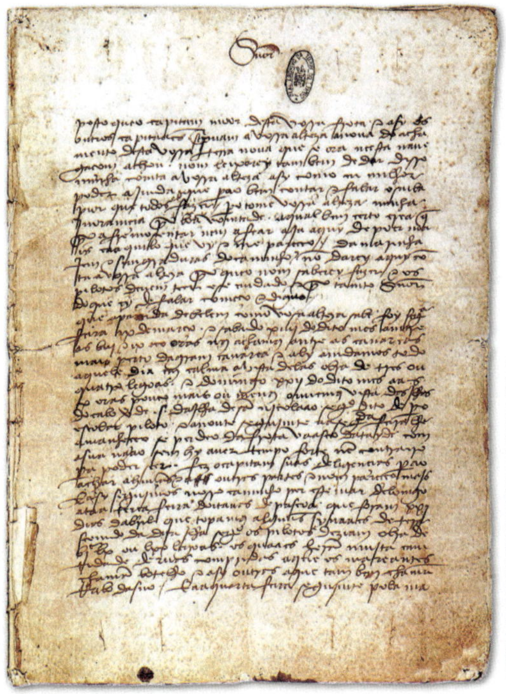

Instituto dos Arquivos Nacionais/Torre do Tombo, Lisboa.

Página da carta de Pero Vaz de Caminha, escrita em 1º de maio de 1500.

ATIVIDADES

- Muitos artistas imaginaram, de diferentes formas, o encontro entre portugueses e indígenas. Observe a pintura da página ao lado, em que o artista recria a cena da primeira missa celebrada nas terras que hoje são o Brasil. Depois, responda às perguntas no caderno.

  a) Em que ano a obra foi pintada?

  b) Quando fez o quadro, o pintor poderia saber tudo o que aconteceu em 1500? Por quê?

  c) Como o comportamento dos indígenas e dos portugueses foi representado nesse quadro? Qual dos dois grupos você acha que o pintor quis valorizar? Como isso aparece na pintura?

A EXPLORAÇÃO DA TERRA CONQUISTADA

Os portugueses organizaram várias expedições para conhecer a terra recém-encontrada. Logo eles descobriram produtos que podiam ser vendidos na Europa. O primeiro a ser explorado foi o pau-brasil, árvore de cujo tronco se extraía um corante vermelho muito valorizado pelos europeus para tingir tecidos e fabricar tinta de escrever.

Para facilitar a exploração do pau-brasil e de outras mercadorias, os portugueses ergueram feitorias. Essas construções, em geral próximas da costa, serviam para armazenar os produtos e facilitavam o carregamento dos navios que seguiriam para a Europa.

Os portugueses exploraram os recursos naturais da terra recém-encontrada e também o trabalho e os conhecimentos dos indígenas. Os indígenas conheciam os animais e as plantas da mata, os peixes dos rios e do mar. Sabiam onde encontrar água e alimento e conheciam ervas e raízes que serviam para curar doenças. Não usavam dinheiro nem se interessavam por ele, mas recebiam dos europeus ferramentas, espelhos, pentes, agulhas e tecidos. Esse sistema de troca que não envolve dinheiro se chama **escambo**.

Naquela época, os europeus não compreendiam que os povos indígenas tinham culturas próprias e modos de viver completamente diferentes daqueles que conheciam. A maior parte dos portugueses considerava os indígenas como selvagens, seres inferiores que nem mesmo pertenciam à espécie humana.

Coleção José Mindlin, São Paulo.

Indígenas cortando árvores de pau-brasil. Gravura baseada em desenho do francês André Thevet, que visitou o Brasil no século 16.

Com essas ideias e esse tipo de pensamento, que eram comuns entre os europeus da época, os portugueses ficavam à vontade para explorar a terra e o trabalho indígena. Sem se importar com os indígenas, que habitavam esta terra há séculos, extraíram dela tudo o que queriam. Alguns grupos indígenas, entretanto, reagiram com força e passaram a combater os portugueses.

Além da reação dos indígenas, os portugueses temiam perder a terra conquistada para outros invasores. Franceses, ingleses e espanhóis também queriam tirar proveito dos produtos nativos e do trabalho indígena. Por isso, a partir de 1530 os portugueses intensificaram seu domínio sobre as terras encontradas no continente americano.

ATIVIDADES

1. A gravura da página ao lado mostra uma atividade desenvolvida no litoral após o encontro entre portugueses e indígenas. Que atividade é essa?

2. Qual é a sua opinião sobre a exploração das terras encontradas pelos portugueses? Como você reagiria no lugar dos indígenas? Converse com o professor e os colegas e depois escreva abaixo um resumo das opiniões da turma.

A MATA ATLÂNTICA EM 1500 E HOJE

Veja na página 10 do seu **Miniatlas** um mapa da Mata Atlântica no século 16 e atualmente.

Você já ouviu falar em Mata Atlântica? É a vegetação do litoral brasileiro e tem esse nome por ficar próxima ao oceano Atlântico. Os indígenas viviam nesse ambiente sem colocar em risco sua preservação. Afinal, além de ser uma população pouco numerosa, eles costumavam retirar da terra apenas os recursos de que precisavam, dando tempo para que a natureza se recuperasse.

Atualmente, a situação é bem diferente. Leia o texto a seguir, que compara a Mata Atlântica no século 16 com a mata nos dias de hoje.

> A Mata Atlântica abrangia uma área equivalente a 1 315 460 km^2 e estendia-se originalmente ao longo de 17 estados (Rio Grande do Sul, Santa Catarina, Paraná, São Paulo, Goiás, Mato Grosso do Sul, Rio de Janeiro, Minas Gerais, Espírito Santo, Bahia, Alagoas, Sergipe, Paraíba, Pernambuco, Rio Grande do Norte, Ceará e Piauí).
>
> Hoje, restam 8,5% de remanescentes florestais acima de 100 hectares do que existiam originalmente. Somados todos os fragmentos de floresta nativa acima de 3 hectares, temos atualmente 12,5% [...].
>
> Vive na Mata Atlântica atualmente quase 72% da população brasileira, com base nas estimativas do Instituto Brasileiro de Geografia e Estatística em 2014. São mais de 145 milhões de habitantes [...]
>
> Disponível em: <www.sosma.org.br/nossa-causa/a-mata-atlantica>. Acesso em: 5 jan. 2015.

remanescentes: aqueles que sobraram; que ainda existem.
hectares: porções muito grandes de terra, correspondentes a 10 000 m^2.
fragmentos: pedaços; porções.

Ivania Sant'Anna/kino.com.br

O pau-brasil, também chamado arabutã, ibirapiranga e pau-de-tinta, é uma árvore nativa da Mata Atlântica. Com a exploração e o desmatamento, foi praticamente extinto. Atualmente o pau-brasil é protegido e suas sementes são utilizadas em projetos de recuperação florestal.

ATIVIDADES

1 Pesquise em livros ou na internet o significado de **biodiversidade** e **preservação**. Depois, responda: qual a relação entre essas palavras e a situação da Mata Atlântica?

2 Vimos que indígenas e portugueses não tinham os mesmos interesses e, por isso, exploraram a Mata Atlântica de maneiras diferentes. Cite uma dessas diferenças.

3 Leia o texto a seguir.

> As principais áreas preservadas da Mata Atlântica são as Unidades de Conservação, espaços que recebem proteção especial, como o Parque Nacional da Serra da Bocaina, no Rio de Janeiro, e o Parque Estadual da Serra do Mar, em São Paulo. Mas mesmo nessas áreas ocorrem ações proibidas, como caça e captura de animais silvestres, extração de madeira e de palmito, queima das árvores para produção de carvão e desmatamento para a instalação de roças. As pessoas que praticam essas ações podem ser condenadas à prisão ou a pagar multas pesadas.

Fabio Colombini/Acervo do fotógrafo

Rios, cachoeiras e vegetação exuberante compõem o cenário da Mata Atlântica. Na foto de 2014, Parque Estadual Serra do Mar no município de Cunha (SP).

- Discuta com o professor e os colegas: além de punir a quem desrespeita as áreas protegidas, que medidas e atitudes podem ajudar a preservar a Mata Atlântica?

ATIVIDADES DO CAPÍTULO

1. Escreva sobre as diferenças entre portugueses e indígenas observadas nos primeiros encontros. Como se apresentavam? Que língua falavam? Quais eram suas crenças?

2. Examinamos a visão dos europeus sobre os indígenas no século 16. Conheça agora a visão de um indígena sobre os não indígenas no século 20. Davi Kopenawa, do povo Yanomami, narra suas impressões ao ver pela primeira vez um homem branco em sua aldeia, na floresta Amazônica.

Evandro Luiz da Silva/Arquivo da editora

> [...] Pensei que eram espíritos canibais e que iam nos devorar. Eu os achava muito feios, esbranquiçados e peludos. Eles eram tão diferentes que me aterrorizavam. [...] Todos os bens dos brancos me assustavam também: tinha medo de seus motores, de suas lâmpadas elétricas, de seus sapatos, de seus óculos e de seus relógios. Tinha medo da fumaça de seus cigarros, do cheiro de sua gasolina. Tudo me assustava, porque nunca vira nada semelhante e ainda era pequeno! [...]
>
> Depoimento recolhido e traduzido pelo antropólogo Bruce Albert em 1998. Disponível em: <pib.socioambiental.org/pt/c/no-brasil-atual/narrativas-indigenas/narrativa-yanomami>. Acesso em: 22 nov. 2013.

- Após a leitura do texto converse com os colegas e responda às questões:

  a) Por que o pequeno Yanomami teve medo quando viu os brancos pela primeira vez?

  b) Os objetos dos brancos que assustavam o menino poderiam ser úteis para os Yanomami? Por quê?

3. Leia o texto a seguir, que fala da exploração do pau-brasil no século 16.

- Após a leitura do texto, responda às questões.

Antes da chegada dos brancos, os índios só usavam machado de pedra, que não era tão afiado quanto os de metal, e levavam em média três horas para derrubar uma árvore. Com o machado de ferro dos europeus, demoravam no máximo quinze minutos.

Faça as contas e imagine o que começou a acontecer. Isso mesmo: começaram a desmatar tudo. Em três horas, em vez de derrubar uma árvore, derrubavam quantas?

Oito ou dez.

E assim foi: iam cortando, cortando, derrubando, derrubando.

Em poucos dias, o que antes era uma pequena mata virava um campo de árvores tombadas, que os índios rachavam em muitas toras e levavam para a praia, onde iam amontoando tronco sobre tronco, à espera da chegada dos navios.

Tendy e Jã-Jã e os dois mundos na época do descobrimento, de Maria José Silveira. Belo Horizonte: Formato Editorial, 2003. p. 39. (Coleção Meninos e Meninas do Brasil.)

Evandro Luiz da Silva/Arquivo da editora

toras: madeiras cortadas de troncos de árvores.

a) A história contada poderia realmente ter acontecido naquele momento? Por quê?

____

____

____

b) A história relata o início de um problema que existe até hoje. Escreva que problema é esse e quais são suas consequências na atualidade.

____

____

____

4. Com base nas imagens e textos do capítulo, responda:

a) De que modo os indígenas ajudaram os portugueses nos primeiros encontros? Essa colaboração foi importante para a permanência dos portugueses no território? Por quê?

b) O que os indígenas recebiam dos portugueses em troca do trabalho pesado que faziam?

5. Que tal inventar uma história com base em acontecimentos do passado, como fez a autora do texto da página anterior? Siga as etapas:

- Selecione um tema do capítulo.
- Pesquise em livros e na internet para ampliar o tema.
- Faça um roteiro da história que você vai contar a partir do tema que escolheu.
- Crie os personagens e pense no cenário onde vivem.
- Imagine o que vai acontecer com eles.

Agora, escreva sua história na página ao lado. Descreva o cenário que você imaginou, com os personagens vivendo situações criadas por você. Se quiser, faça desenhos também. Se precisar de mais espaço, use folhas avulsas.

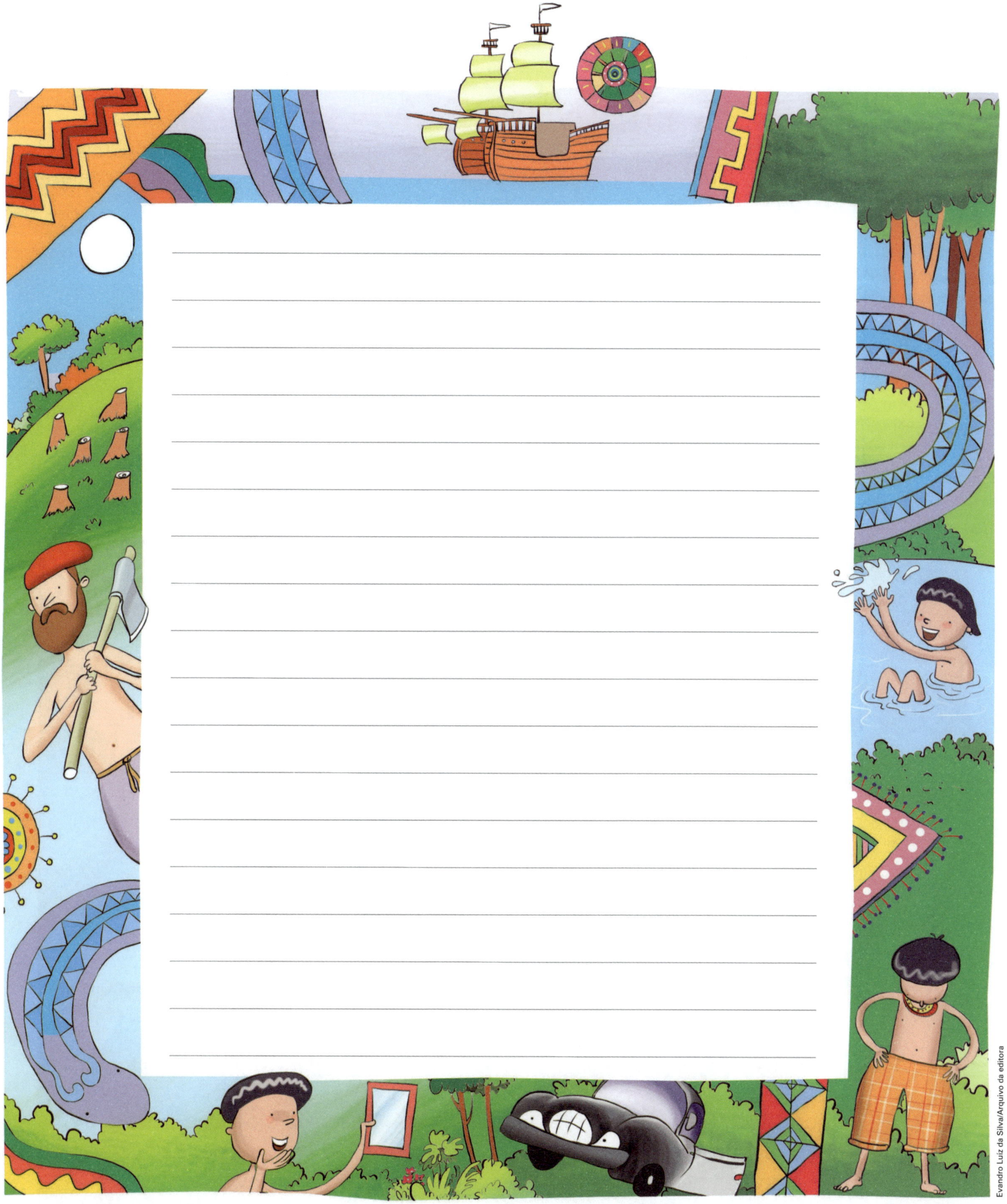

Evandro Luiz da Silva/Arquivo da editora

LEITURA DE IMAGEM

DIREITO DE TODOS

Você já observou como a população brasileira é diversificada? Seus integrantes apresentam muitas distinções físicas e culturais. Você sabe por que isso acontece?

A população brasileira é formada pela mistura de muitas etnias e sua cultura resulta da combinação de conhecimentos, costumes, valores e crenças de diversos povos. Podemos observar no Brasil diferentes modos de vida. As condições de vida também variam muito, conforme o lugar onde se vive e o grupo social ao qual a pessoa pertence. Todos os brasileiros, porém, têm direitos iguais.

OBSERVE

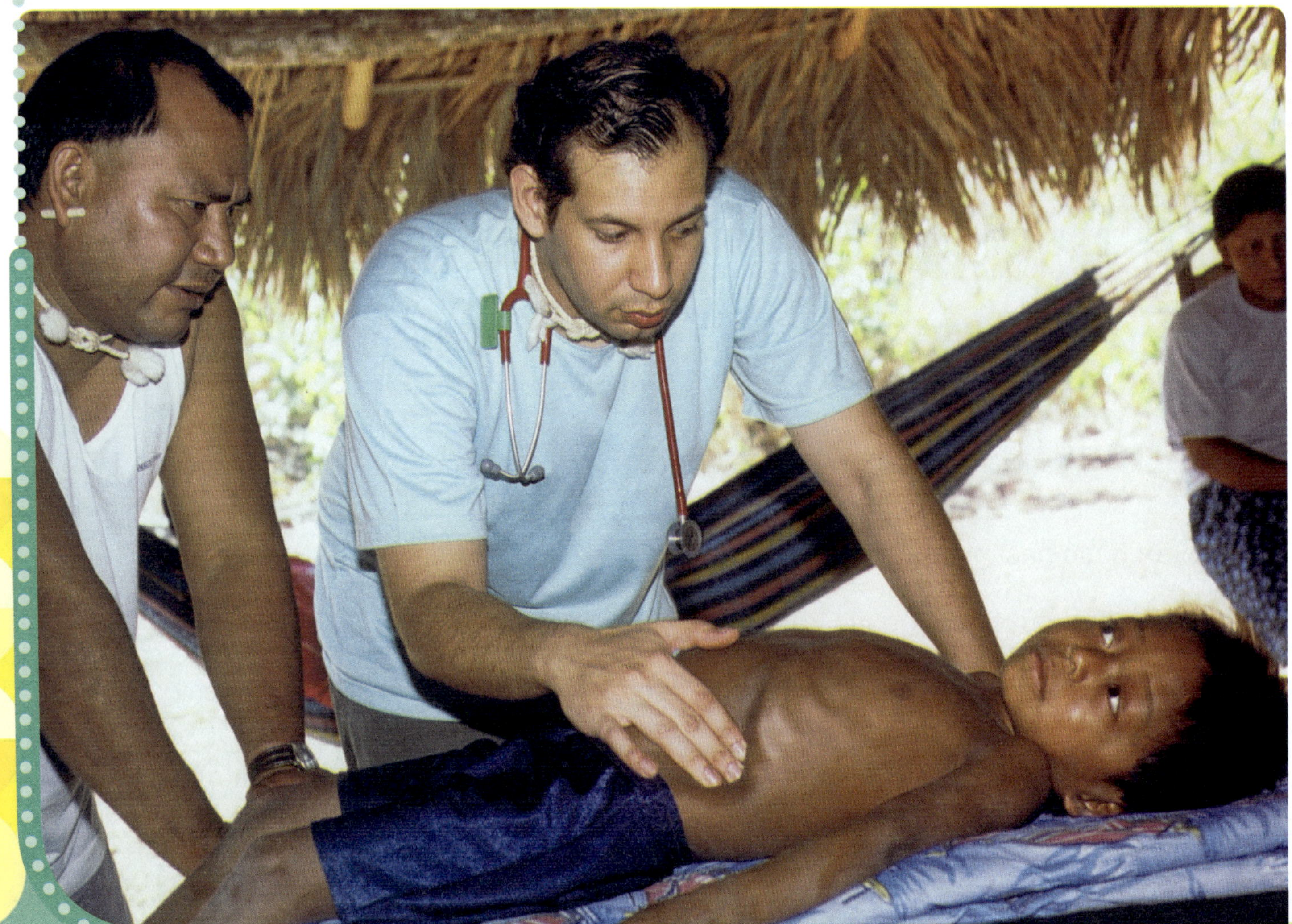

Reprodução/Arquivo da editora

ANALISE

1. O que podemos ver na foto?

____

____

2. A cena retratada parece um atendimento médico. Que elementos sugerem isso?

____

____

____

3. Que direito da população brasileira está sendo mostrado na foto?

____

4. Leia o texto a seguir:

> Os indígenas conhecem muito bem os recursos do ambiente em que vivem e sabem aproveitá-los para fazer remédios capazes de curar diversos males. Cada comunidade indígena na Amazônia, por exemplo, possui um receituário que inclui pelo menos duzentas espécies vegetais.
>
> No contato com os não indígenas, porém, os indígenas ficaram sujeitos a doenças que desconheciam, como o sarampo, a malária e a febre amarela. Essas doenças dizimaram vários povos ao longo da nossa história e ainda hoje fazem muitas vítimas.

- Com base nas informações do texto, responda no caderno:

a) Como os povos indígenas tratavam seus problemas de saúde?

b) Por que eles passaram a precisar de outros tipos de cuidados e de medicamentos?

RELACIONE

5. E na sua família, como são tratados os problemas de saúde? Converse com os colegas e o professor sobre o assunto.

ENTENDER O TEMPO HISTÓRICO

O **Atlas Miller** é um documento importante da cartografia da época da expansão marítima e comercial europeia. Encomendado por dom Manuel I, rei de Portugal, esse conjunto de mapas foi feito pelos cartógrafos Lopo Homem, Pedro Reinel e seu filho, Jorge Reinel. Os mapas foram ilustrados com iluminuras de Antônio de Holanda.

Biblioteca Nacional da França, Paris.

Mapa conhecido como *Terra Brasilis*, que faz parte do **Atlas Miller**, elaborado em 1519.

cartografia: estudo que define regras e padrões sobre a realização de mapas.

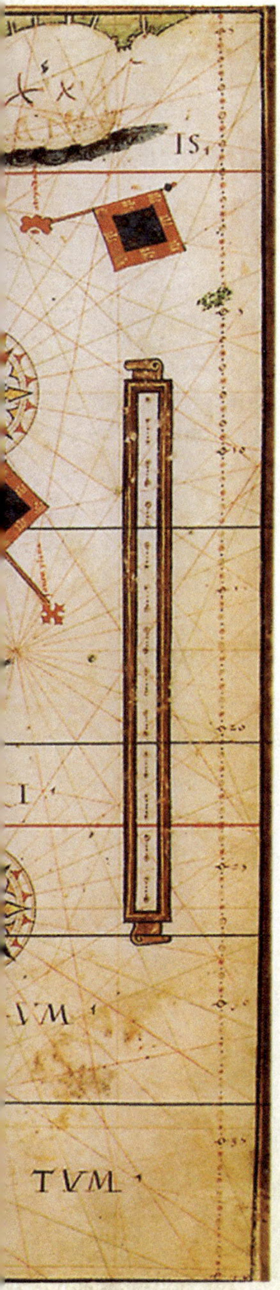

- Observe o mapa, converse com os colegas e responda às questões a seguir.

a) Você reconhece o contorno desse mapa? Com o que ele se parece?

____

____

b) Muitas embarcações portuguesas aparecem no oceano Atlântico, algumas delas nas proximidades da costa brasileira. O que os autores do mapa pretenderam mostrar com essa representação?

____

____

c) Descreva os personagens representados em terra, no interior do mapa. O que eles estão fazendo?

____

____

d) Que outras figuras foram desenhadas no interior do mapa? Você conhece todas elas?

____

____

e) Observe ao lado um detalhe do mapa. A figura representada pode ter existido? Na sua opinião, por que o ilustrador a incluiu no mapa?

____

____

____

f) Em sua opinião, o que as pessoas da Europa imaginavam ao observar o mapa naquela época?

____

____

LER E ENTENDER

Você já leu, viu ou ouviu uma entrevista? Quem era o entrevistado? Você acha que o entrevistador deve preparar as perguntas antes do momento da entrevista? Por quê?

A seguir você vai saber como o indígena Daniel Munduruku iniciou sua carreira de escritor. Leia a entrevista e confira.

Literatura indígena

Thais Caramico

Você foi o primeiro indígena a escrever livros com histórias do seu povo para as crianças. Como começou?

Tinha terminado a faculdade de Filosofia, em Lorena (SP), onde moro hoje, e comecei a dar aula. Então, usava a contação de histórias para passar o conhecimento que eu tinha da vida na aldeia e de outros povos para as crianças. Um dia, uma criança perguntou onde ela poderia encontrar o que eu contava para ler. Foi quando caiu a ficha. Escrevi um texto sobre a vida de uma pessoa Munduruku, desde quando ela nasce até virar adulta. Mandei para várias editoras e uma se interessou. Pouco depois, **Histórias de índio** foi publicado pela Companhia das Letrinhas. Já vai fazer 15 anos e o livro está na 15ª edição.

Conte um pouco sobre o povo Munduruku.

Estamos em três estados: Pará (onde nasci), Amazonas e Mato Grosso. É um povo que tem contato com a sociedade brasileira há mais de 300 anos. Apesar de ter tido várias mudanças em seus modos, cultura e jeito de ser, também guarda muito das tradições. Entre elas, a língua munduruku, falada por 60% da população.

Você já tem mais de 40 livros publicados. O que retrata neles?

Costumo dizer que é uma variação do mesmo tema. Minha obra retrata o universo indígena e, mesmo quando crio alguma ficção, faço isso com base na minha formação de aldeia. Assim reconto histórias tradicionais e fábulas, coisas que ouvia quando criança e que viajantes contaram.

Literatura indígena, de Thais Caramico. **O Estado de S. Paulo**. Estadinho, 23 jul. 2011. p. 4.

Daniel Munduruku

Daniel foi o primeiro indígena a registrar em livros infantis as histórias e os valores de seu povo. Ele nasceu na Aldeia Maracanã, no Pará, bem no coração da floresta Amazônica. E você sabe o que significa a palavra "Munduruku"? Significa 'formigas guerreiras'.

Joedson Alves/Agência Estado

ANALISE

1. Quem é o entrevistador e quem é o entrevistado no texto "Literatura indígena", da página ao lado?

____

____

2. Como são marcadas as perguntas do entrevistador e as respostas do entrevistado?

____

3. Sobre o autor e a literatura indígena:

   a) Por que esse autor resolveu escrever livros infantis a respeito dos costumes do povo Munduruku?

   ____

   ____

   b) De onde esse autor tira as ideias para seus livros?

   ____

   ____

RELACIONE

4. O povo Munduruku vive em quais estados brasileiros?

____

5. Na entrevista que você leu, Daniel Munduruku destaca uma importante tradição de seu povo que foi preservada. Qual é ela?

____

6. Ainda de acordo com a entrevista, qual outro costume antigo permanece entre os Munduruku?

____

O QUE APRENDI?

1. Retome as questões apresentadas na abertura desta Unidade. Discuta com os colegas e o professor como você responderia a essas questões agora.

2. Com base nas informações da Unidade responda:

   a) Qual é a importância dos mitos na educação das crianças indígenas?

   ____

   ____

   ____

   b) Como os mitos ajudam a fortalecer as comunidades indígenas?

   ____

   ____

   ____

3. A autora indígena Vãngri Kaingang, nascida na Terra Indígena de Ligeiro, no Rio Grande do Sul, contou e ilustrou a história de seu povo no livro **Jóty, o Tamanduá** (São Paulo: Global, 2009). Leia o trecho de uma entrevista que ela concedeu a uma jornalista em 2011:

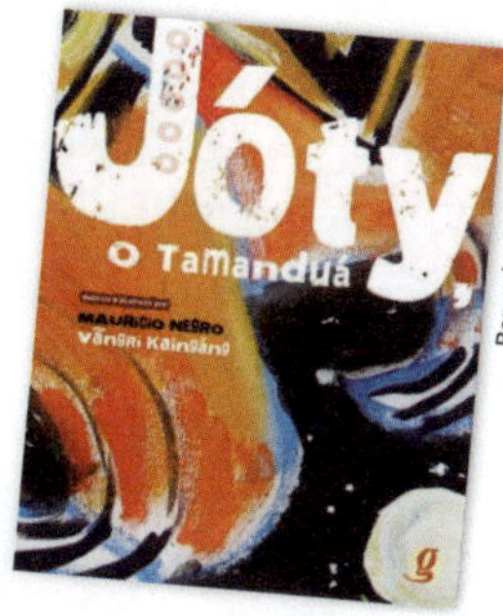

Reprodução/Editora Global

Qual é a importância da literatura indígena?

É importante documentar as lendas e mitos de meu povo diretamente dos velhos sábios, detentores do conhecimento do tempo, dos animais sagrados, de nossas mitologias e lendas, contadas há milênios. É importante por uma questão de registro, mas também para manter a memória de um povo viva e poder dividi-la com quem procura a sabedoria de diferentes povos indígenas em suas crenças e costumes. Esse é o papel do escritor e ilustrador indígena: a visão pelos olhos do índio, escrita por sua mão.

Disponível em: <http://blogs.estadao.com.br/estadinho/files/2011/07/est02_0405-2.jpg>. Acesso em: 21 nov. 2013.

Responda:

a) Na opinião da autora, a literatura indígena só é importante para os povos indígenas? Por quê?

____

____

b) Qual é a opinião de Daniel Munduruku a esse respeito?

____

____

____

4. Nesta Unidade vimos que um dos motivos que levaram os europeus a se aventurar nos oceanos foi a busca por especiarias. Por que produtos como cravo, canela e pimenta, tão comuns nos dias atuais, provocaram no século 16 um esforço tão grande?

____

____

UNIDADE 2

A COLONIZAÇÃO

Indígenas de diferentes povos durante os XII Jogos dos Povos Indígenas em Cuiabá (MT), em 2013.

- O que mais chama sua atenção na imagem?
- O que os jovens estão fazendo?
- Na cena da foto, o que é parecido com o seu dia a dia? E o que é diferente?

Artur Keunecke/Pulsar Imagens

CAPÍTULO 4

AS PRIMEIRAS VILAS E CIDADES

A FORMAÇÃO DE VILAS E CIDADES NO LITORAL

Em 2016, o Brasil ultrapassou a marca de 200 milhões de habitantes. Desse total, mais de 160 milhões de pessoas moram em cidades. Por isso, dizemos que a maioria da população do país é **urbana**. Mas nem sempre foi assim. Você imagina como isso começou?

donatário: nobre português responsável pela administração das capitanias.

Como já vimos, vários povos indígenas habitavam as terras do atual Brasil quando os portugueses começaram a explorá-las. Sem levar em conta a presença desses povos, o governo português, para garantir o seu domínio sobre as terras encontradas, dividiu o território em grandes porções de terra chamadas **capitanias hereditárias**. Cada capitania era entregue a um donatário, que podia explorar a terra com a condição de enviar parte dos lucros obtidos para Portugal.

Veja no seu **Miniatlas** o mapa da página 11.

O primeiro donatário a assumir o comando de uma capitania foi Martim Afonso de Sousa. Essa capitania, chamada São Vicente, localizava-se nas terras que hoje integram o estado de São Paulo. No litoral dessa capitania, em 1532, Martim Afonso de Sousa fundou uma vila também chamada de São Vicente.

A vila de São Vicente desenvolveu-se com a produção e o comércio da cana-de-açúcar. O mesmo aconteceu com a vila de Olinda, fundada em 1537 na capitania de Pernambuco.

Aos poucos, outras vilas se formaram no litoral da colônia. Elas cresceram em torno de feitorias ou de fortificações. Esse tipo de povoamento favorecia os portugueses na defesa do território contra ataques dos indígenas e invasões de outros povos europeus. Além disso, os portos facilitavam o embarque dos produtos da colônia destinados a Portugal.

Rubens Chaves/Pulsar Imagens

Igreja de Nossa Senhora das Neves e convento de São Francisco, em Olinda (PE). Conjunto arquitetônico do século 16, tombado pela Unesco como Patrimônio da Humanidade.

Os donatários enfrentaram dificuldades para governar as capitanias, principalmente por causa da distância em relação a Portugal e da falta de conhecimento do território. Essas dificuldades levaram a administração portuguesa a criar um sistema de governo centralizado chamado de **governo-geral**. O primeiro governador-geral foi Tomé de Sousa, que chegou à colônia em 1549.

Tomé de Sousa desembarcou na Bahia e organizou um pequeno centro urbano para servir de sede ao governo-geral. Esse centro deu origem à primeira cidade do Brasil, chamada de São Salvador da Bahia de Todos-os-Santos, mais conhecida como Salvador.

A localização de Salvador facilitava a comunicação com outras regiões da colônia e com Portugal. A população era considerada grande para a época: cerca de mil pessoas. A maior parte desses habitantes vinha de Portugal. Entre eles, havia militares, religiosos e funcionários públicos.

No século 16, a produção de açúcar foi uma das atividades econômicas praticadas em torno de São Vicente, Salvador e Olinda.

ATIVIDADES

- Leia um trecho da letra de "Água de Meninos", canção de Gilberto Gil e Capinam. Depois, responda às perguntas.

> Na minha terra, Bahia
> Entre o **mar** e a poesia
> Tem um porto, Salvador
> As ladeiras da cidade
> Descem das nuvens pro **mar**
> [...]
>
> Disponível em: </www.gilbertogil.com.br/sec_musica.php>. Acesso em: 12 jan. 2016.

Evandro Luiz da Silva/Arquivo da editora

- Você acha que o mar, destacado na canção, foi importante para a fundação de Salvador, primeira cidade do Brasil e hoje capital da Bahia? Por quê? Converse com os colegas.

____

____

COMO ERA A VIDA NAS VILAS E CIDADES?

Vimos como se formaram as primeiras vilas e cidades coloniais no século 16. Observe o mapa desta página. Considerando-se a enorme extensão da costa brasileira, pode-se perceber que as vilas e cidades eram muito distantes entre si. Por causa disso, a comunicação entre elas era muito difícil. Lembre que naquela época não havia rodovias, ferrovias, telefones nem internet. Mas, apesar das distâncias e do isolamento, o modo de vida nas diferentes cidades e vilas tinha algumas semelhanças.

A maioria das pessoas ficava mais tempo no campo, trabalhando na lavoura e nos engenhos de cana-de-açúcar. Só às vezes iam para as cidades, nos dias de festa ou de feira, por exemplo. Observe no mapa abaixo as principais cidades e as áreas de extração de pau-brasil e de cultivo de cana-de-açúcar.

Brasil: Atividades econômicas no século 16

Adaptado de: **Atlas histórico: Geral & Brasil**, de Cláudio Vicentino. São Paulo: Scipione, 2011. p. 102.

Veja no seu **Miniatlas** os mapas das páginas 13 e 14.

A pintura abaixo representa Igarassu, o primeiro núcleo de povoamento português na capitania de Pernambuco, fundado em 1535. Você acha que havia muitas pessoas vivendo nessa vila? Consegue ver muitas construções?

Museu Histórico, Frankfurt, Alemanha.

Igreja e claustro de Igarassu, óleo sobre madeira do artista holandês Frans Post, pintado no século 17.

Ainda que a circulação de pessoas fosse pequena, como sugere a imagem, várias atividades eram desenvolvidas nas vilas e cidades. Nelas viviam muitos funcionários públicos, como os governantes da capitania, por exemplo. Além deles, havia pessoas que prestavam serviços, como barbeiros, verdureiros, dentistas, entre outros, e também vários comerciantes.

O dia a dia nessas vilas e cidades não era fácil. As pessoas tinham dificuldade de obter produtos, inclusive alimentos, e as condições de higiene eram muito precárias. Leia sobre isso no texto a seguir.

> Havia o calor e a distância dos grandes centros comerciais. Isso dificultava, por exemplo, a aquisição de bens de consumo, já que o transporte marítimo era irregular e descontínuo. Produtos simples, que facilitassem a vida ou proporcionassem pequenos prazeres, como roupas, sapatos, farinha de trigo e vinhos, estavam praticamente fora de alcance. Além disso, mal as aglomerações urbanas começaram a surgir, tiveram que enfrentar os primeiros surtos de doenças contagiosas.
>
> **Quentes, sujas e doentias**, de Cristina Brandt Friedrich Martin Gurgel. Disponível em: <www.revistadehistoria.com.br/secao/artigos-revista/quentes-sujas-e-doentias>. Acesso em: 12 jan. 2015.

aglomerações urbanas: quaisquer agrupamentos urbanos, seja vila seja cidade.

A ARQUITETURA COLONIAL HOJE

Neste capítulo, vimos algumas características das vilas e cidades no Brasil colonial. Esses núcleos urbanos apresentavam características diferentes no traçado das ruas e no tamanho, formato e função das construções, entre outros aspectos.

Quando falamos das cidades e de suas construções, estamos falando também de arquitetura. Você já deve ter ouvido essa palavra, mas sabe o que ela significa? Arquitetura é a arte de criar espaços organizados para abrigar as diferentes atividades humanas. É considerada uma arte (e também uma técnica), pois organiza o espaço pensando em sua beleza e funcionalidade.

Os arquitetos planejam casas e cidades de acordo com as técnicas e materiais disponíveis e segundo as necessidades da população que ocupa esses lugares. Como estas variam de uma época para outra, em cada período histórico a arquitetura tem características próprias. Por isso, você vai perceber que a arquitetura colonial é bem diferente da atual.

Com o crescimento de cidades como Salvador, Recife e São Vicente, muitas construções erguidas na época do Brasil colônia foram demolidas. Mas algumas construções desse período foram preservadas e podem ser vistas até hoje.

Essas construções remanescentes do período colonial são consideradas **patrimônio histórico e artístico**. São heranças de tempos passados ainda presentes nos dias atuais. O patrimônio histórico e artístico é formado por obras importantes para compreender muitos aspectos do passado.

Construções do período colonial no centro histórico de Iguape, no estado de São Paulo. Foto de 2012.

Delfim Martins/Pulsar Imagens

O Pelourinho é um bairro do centro histórico de Salvador. O lugar recebeu esse nome porque antigamente no local havia um pelourinho, uma coluna de pedra ou madeira à qual eram amarradas e castigadas, em praça pública, pessoas consideradas criminosas. No caso de Salvador, eram castigados principalmente africanos escravizados.

Você pode ver na foto ao lado algumas construções históricas no Pelourinho, em Salvador. Nem todas as construções que aparecem na foto foram erguidas nos primeiros anos da colonização, mas permanecem na cidade algumas características daquela época, como o traçado e a organização das ruas.

lazyllama/Shutterstock

O centro histórico de Salvador é considerado patrimônio histórico e artístico do Brasil. Na foto, rua no bairro do Pelourinho, em 2015.

ATIVIDADES

1 Observe a imagem acima e responda às perguntas.

a) A rua é plana ou inclinada? É longa ou curta?

____

b) Que tipos de construção você pode identificar?

____

c) Você acha que esse lugar era importante quando foi construído? Por quê?

____

2 Como vimos, observando as ruas e construções de uma cidade, podemos encontrar marcas do seu passado, da sua história. Sob a orientação do professor, forme um grupo com alguns colegas para realizar a seguinte atividade:

a) Indiquem algumas marcas do passado presentes na paisagem do lugar em que vivem. Podem ser ruas, praças, bairros, habitações, igrejas e monumentos, entre outras. Anotem no caderno.

b) A qual momento da história da cidade essas marcas estão relacionadas? Anotem no caderno.

c) Avaliem se essas marcas do passado estão bem conservadas ou se precisam de reparos para manter viva a história da cidade.

d) Apresentem o resultado do trabalho do grupo para a classe.

ATIVIDADES DO CAPÍTULO

1. Observe o mapa da página 50. Em seguida, responda às questões.

   a) Qual era a capital da colônia no século 16?

   ____

   b) Onde as cidades estão localizadas: no litoral ou no interior do território da colônia?

   ____

   c) Explique por que os colonos portugueses fundaram as primeiras cidades nessa parte do território.

   ____

   ____

   ____

   d) Leia agora a explicação dada a essa questão pelo português Pero de Magalhães Gandavo, que viveu alguns anos no Brasil, no século 16. O relato foi escrito por volta de 1573.

   > Não há pela terra adentro povoações de portugueses por causa dos índios que não o consentem, e também pelo socorro e trato do Reino lhes é necessário estarem junto ao mar para terem comunicação de mercadorias. E por este respeito vivem todos junto da costa.
   >
   > **Tratado da Terra do Brasil**. Pero de Magalhães Gandavo. Belo Horizonte: Itatiaia; São Paulo: Edusp, 1980.

   • De acordo com o cronista, por que os portugueses "vivem todos junto da costa"?

   ____

   ____

   ____

   ____

2. A cidade de São Sebastião do Rio de Janeiro foi fundada em 1º de março de 1565 por Estácio de Sá, que expulsou os franceses, que haviam ocupado a baía de Guanabara. Sobre isso, leia o texto a seguir, depois responda às questões no caderno.

Em 1567, a cidade foi transferida para o morro do Castelo, onde foi cercada por muros e guaritas, tornando-se uma cidadela, uma praça forte.

No interior da cidadela estavam localizados a Câmara, a casa do governador da capitania do Rio de Janeiro, a cadeia, os armazéns reais, a igreja e o colégio dos padres, o forte e a moradia dos ricos.

Os primeiros habitantes da cidade abriram ruas, secaram pântanos e escavaram valas para escoar as águas. Ao aterrarem os pântanos, permitiram a expansão da cidade. Os dejetos eram despejados à noite, pelos escravos, nos alagadiços, nos terrenos baldios ou no mar.

Donos do Rio em nome do rei: uma história fundiária da cidade do Rio de Janeiro, de Fania Fridman. Rio de Janeiro: Jorge Zahar, 1999. p. 17-22.

cidadela: fortaleza.
dejetos: fezes, cocô.
alagadiços: terrenos que alagam.
baldios: vazios, abandonados.

a) Por que os portugueses transferiram a cidade que haviam fundado para o alto de um morro?

b) Com base no texto, cite duas construções erguidas pelos portugueses.

c) Que mudanças os portugueses fizeram no espaço natural?

3. E a cidade onde você vive? Quando foi fundada? Faça uma pesquisa e procure saber:

a) como viviam os primeiros moradores da sua cidade.

b) algumas mudanças ocorridas no espaço da cidade.

c) quais são as construções mais antigas da cidade.

d) se existem áreas verdes e espaços de lazer na cidade.

e) como você imagina essa cidade no futuro.

f) o que precisa ser feito para que todos vivam melhor na cidade.

LEITURA DE IMAGEM

A FORMAÇÃO DO POVO BRASILEIRO

A população brasileira foi inicialmente formada pela mistura de povos indígenas, que já viviam nas terras que seriam o Brasil, europeus, que chegaram a partir do século 16, e africanos, que foram trazidos da África para o trabalho escravo também a partir do século 16.

Como isso influenciou as características físicas dos brasileiros?

OBSERVE

Rubens Chaves/Pulsar Imagens

Apresentação da quadrilha da Sulanca em Campina Grande (PB). Foto de 2015.

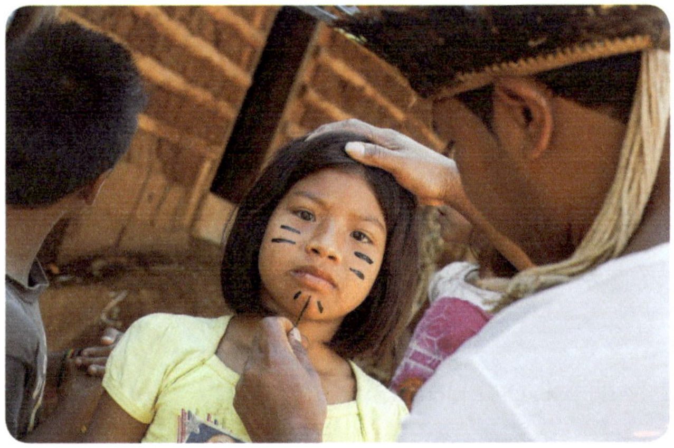

Rubens Chaves/Pulsar Imagens

Cacique Vitor pinta o rosto de menina da aldeia Guarani Tekoá Pyau, no Pico do Jaraguá, em São Paulo (SP). Foto de 2015.

Cesar Diniz/Pulsar Imagens

Apresentação de grupo folclórico do distrito de Catuçaba na Festa do Divino Espírito Santo em São Luiz do Paraitinga (SP). Foto de 2015.

João Prudente/Pulsar Imagens

Estudantes em pátio de escola estadual da cidade de Sumaré (SP). Foto de 2014.

ANALISE

1. Nas imagens da página ao lado vemos representantes dos três principais povos que formaram a população do Brasil. Com base no capítulo e na observação das imagens, responda:

a) Quais são esses povos?

b) Há elementos nas imagens que permitem identificar algumas particularidades culturais desses grupos?

2. As pessoas que aparecem nas imagens da página ao lado apresentam as mesmas características físicas?

RELACIONE

3. Leia o texto a seguir:

> No Brasil, há uma grande variedade de festas populares, danças e ritmos, como maracatu, bumba meu boi, congada, jongo, frevo, samba, baião, catira, carimbó e tambor de crioula. Essa variedade resulta da mistura de tradições culturais de povos indígenas, africanos e europeus.

Evandro Luiz da Silva/Arquivo da editora

- Converse com seus colegas e respondam:

  No lugar em que vocês vivem, quais são as festas populares mais apreciadas?

CAPÍTULO

5 A CATEQUIZAÇÃO DOS INDÍGENAS

A AÇÃO DOS JESUÍTAS

Você sabe quem são os jesuítas? São padres da Companhia de Jesus, uma ordem religiosa católica fundada no século 16. Esse grupo tinha o objetivo de catequizar, ou seja, de levar a religião católica a todos os cantos do mundo. Os jesuítas tiveram papel muito importante na colonização do Brasil.

Logo que chegaram ao Brasil com Tomé de Sousa, em 1549, os jesuítas fundaram um colégio em Salvador. No início do século 17 já havia colégios espalhados por quase todo o litoral brasileiro. Os padres aprenderam a língua tupi-guarani para se comunicar com os indígenas. Para ensinar a eles a religião católica e os costumes europeus, organizaram aldeamentos nos quais reuniam os indígenas para morar e trabalhar.

Para os jesuítas, todas as pessoas deviam viver de acordo com os ensinamentos da Igreja católica. Por isso, eles impuseram sua religião sem considerar as crenças e os costumes dos povos indígenas que habitavam o território muito antes da chegada dos europeus.

Na região sul do continente americano, onde hoje estão a Argentina e o Paraguai, os jesuítas fundaram as missões ou reduções, que também eram grandes aldeamentos. No Brasil, as missões ficavam onde hoje estão os estados do Paraná e do Rio Grande do Sul. Observe a foto e leia a legenda.

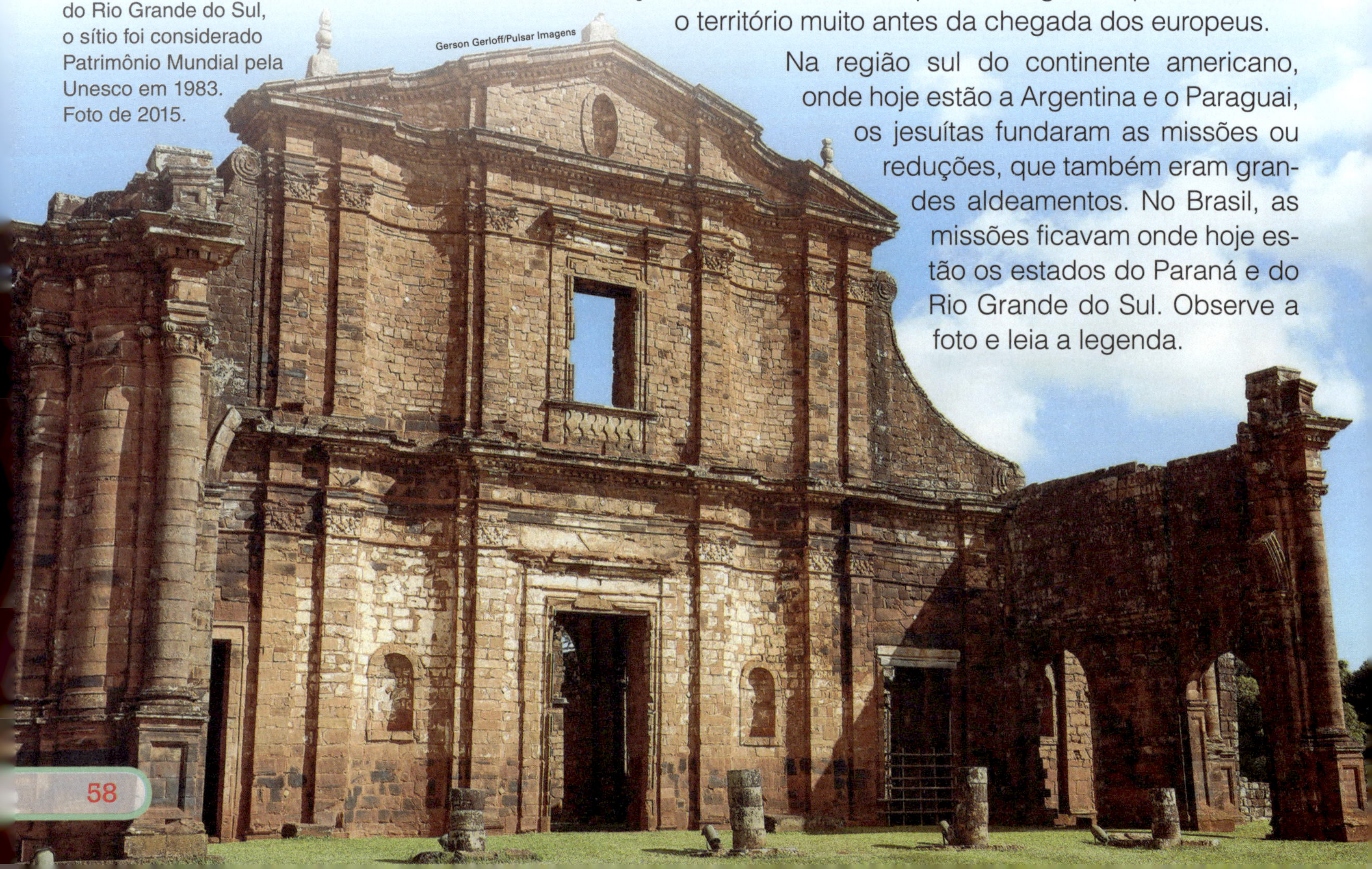

Gerson Gerloff/Pulsar Imagens

O Sítio Arqueológico de São Miguel Arcanjo, também conhecido como São Miguel das Missões, é um conjunto de ruínas da antiga missão de São Miguel Ancanjo, construída a partir de 1687. Ali viveram padres e indígenas guaranis. Localizado no município de São Miguel das Missões, no atual estado do Rio Grande do Sul, o sítio foi considerado Patrimônio Mundial pela Unesco em 1983. Foto de 2015.

Em torno de várias escolas e aldeamentos organizados pelos jesuítas formaram-se vilas e cidades. Em 1554, o padre José de Anchieta fundou um aldeamento que deu origem a uma vila chamada São Paulo de Piratininga. Tempos depois, essa vila deu origem à cidade de São Paulo.

Além do português e do espanhol, os padres ensinavam aos indígenas a religião e os costumes católicos, música europeia e diferentes trabalhos artesanais. Eles impuseram sua cultura aos indígenas e aprenderam com eles o cultivo de produtos típicos da terra, como milho, mandioca e feijão. Os Guarani conheciam e utilizavam a erva-mate e passaram esse conhecimento aos colonizadores.

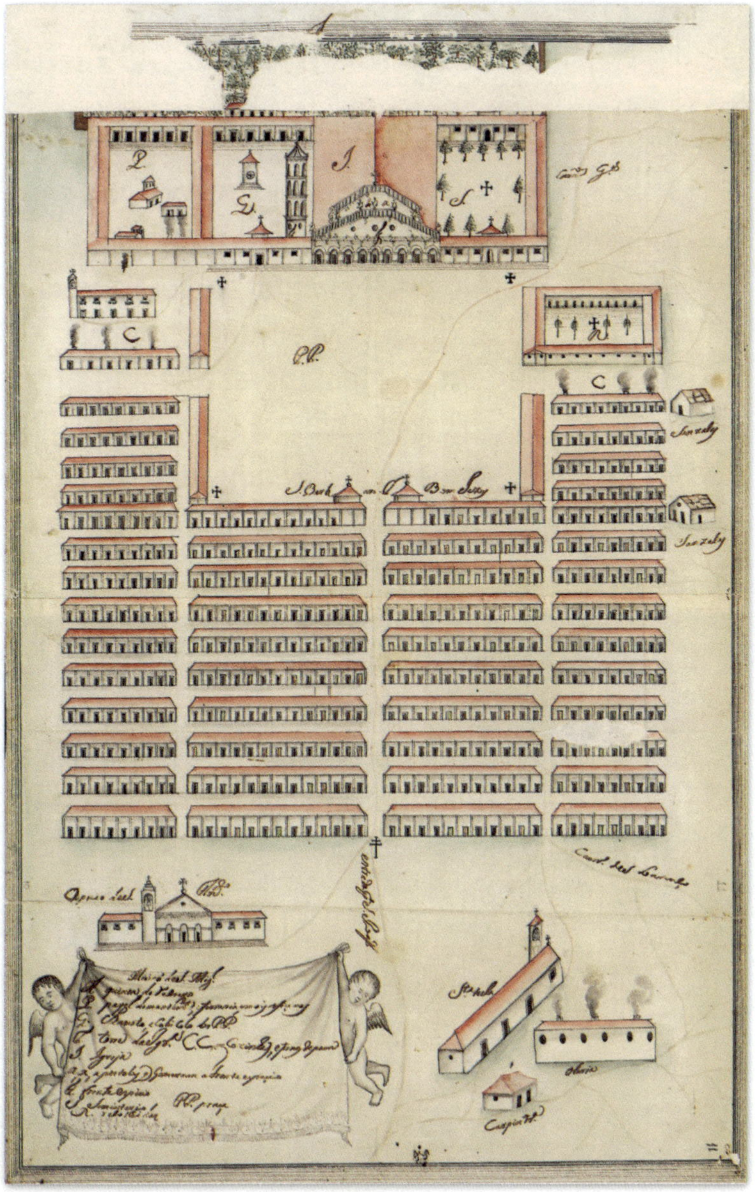

Biblioteca Nacional, Rio de Janeiro, RJ.

Planta da missão de São Miguel Arcanjo, 1756. Repare que o aldeamento foi planejado, com ruas retas e regulares. Em torno da praça central estão a igreja, as oficinas, a escola, as enfermarias, o cemitério, a hospedaria, a residência dos jesuítas, as casas das famílias guarani e a quinta, onde cultivavam-se a horta, o pomar e as plantas medicinais.

ATIVIDADES

1 O que os jesuítas fizeram para expandir a fé católica?

____

____

2 Por que os jesuítas não queriam que os indígenas seguissem suas próprias religiões?

____

____

A ESCRAVIZAÇÃO DOS INDÍGENAS

Os portugueses esperavam que os indígenas se adaptassem à religião católica e ao trabalho forçado.

Vimos que uma das funções das missões jesuíticas era ensinar aos indígenas a língua e a cultura dos europeus. Além disso, nas escolas jesuíticas os nativos aprendiam a executar trabalhos artesanais e agrícolas que poderiam ser úteis para os colonizadores. Assim, podemos dizer que as missões colaboraram para a exploração da mão de obra indígena no período colonial.

Você estudou também, na Unidade 1, que no início da colonização os portugueses dependiam dos indígenas para extrair o pau-brasil. Quando passaram a plantar produtos que eram valiosos na Europa, como a cana-de-açúcar, os colonizadores esperavam contar com o trabalho dos indígenas. Eles acreditavam que, escravizando esses povos, contariam com mão de obra barata e poderiam lucrar mais.

Entretanto, apesar das missões jesuíticas e de outras tentativas de controle, os indígenas encontraram formas de resistir à escravidão. Uma delas era a guerra contra os colonizadores. A outra, bastante comum, era a organização de grandes fugas dos aldeamentos. Como os indígenas conheciam bem a terra, era difícil reencontrá-los. Além disso, alguns povos indígenas se uniram para resistir à colonização e ao trabalho forçado. Assim, povos indígenas que antes eram inimigos se tornaram aliados contra os portugueses.

Índios atravessando um riacho, óleo sobre tela sem data atribuído ao pintor italiano Agostino Brunias (1730-1796).

Museu de Arte de São Paulo Assis Chateaubriand, São Paulo, SP.

Mesmo sem respeitar as crenças e tradições indígenas, os jesuítas às vezes permitiam rituais com música e dança nos aldeamentos e buscavam adaptar esses costumes ao catolicismo. Nas missas, por exemplo, introduziram o uso de instrumentos indígenas, como o maracá. Muitas orações, como o Pai Nosso, foram musicadas e passaram a ser cantadas em línguas indígenas. Com isso, os jesuítas procuravam atrair os nativos para a religião católica.

Sofia Colombini/Acervo da fotógrafa

O maracá é um chocalho indígena feito com uma cabaça cheia de pedrinhas. Ele é usado em rituais, funerais e cerimônias de cura. Para os Kaiowá, quanto mais antigo o maracá, maior o seu valor.

ATIVIDADES

1 Os indígenas aceitaram facilmente o catolicismo? O que os jesuítas fizeram para estimular a catequização dos indígenas?

______

______

______

2 O texto a seguir, do historiador John Manuel Monteiro, fala sobre a escravidão indígena na cidade de São Paulo no período colonial e cita a fuga de indígenas escravizados. Leia o texto e depois responda às questões.

> Diversos motivos poderiam estimular a fuga de um escravo. Maus-tratos, o desejo de se reunir a parentes que viviam numa outra fazenda ou mesmo o anseio de ser livre, todos surgiam como motivos para o abandono do senhor. Por exemplo, o Carijó Tetecola declarou ter fugido porque não queria servir os herdeiros de sua finada senhora.
>
> **Negros da Terra**, de John Manuel Monteiro. São Paulo: Companhia das Letras. 1994.

anseio: vontade.

Carijó: povo indígena que habitava o litoral do atual estado de São Paulo.

a) Por que os indígenas fugiam?

______

______

b) Qual seria sua reação se você fosse obrigado a abandonar seus costumes e crenças?

______

OS POVOS INDÍGENAS HOJE

Veja no seu **Miniatlas** os mapas da página 7.

Você sabia que 19 de abril é Dia do Índio? A data foi criada para lembrar a importância dos povos indígenas na história do Brasil e os direitos desses povos às terras onde sempre viveram e à manutenção de seus costumes, crenças, línguas e tradições.

Apesar da data comemorativa, nem sempre as culturas indígenas são respeitadas. De modo geral, as pessoas sabem pouco sobre os povos nativos de nosso país. Muitas pessoas veem esses povos como se fossem um só: os "índios", como costumam chamá-los. Desconhecem que esses povos têm diferentes origens e culturas. Existem no Brasil mais de 230 grupos indígenas que falam pelo menos 180 línguas diferentes.

Entre esses grupos há os Sateré Mawé, que vivem na região amazônica, e os Kadiwéu, localizados no estado de Mato Grosso do Sul. Observe ao lado as fotos de crianças desses grupos.

Fabio Colombini/Acervo do fotógrafo

Menina sateré mawé com sagui de estimação, em Manaus (AM), 2014.

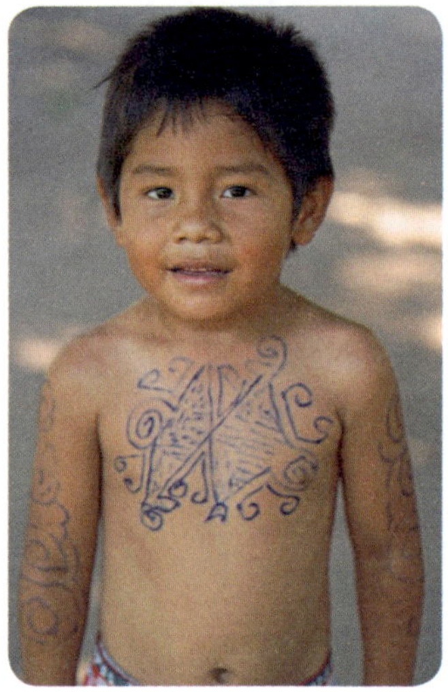

Luciola Zvarick/Pulsar Imagens

Criança kadiwéu na aldeia Alves de Barros, em Porto Murtinho (MS), 2015.

A CONTAGEM DO TEMPO

Muitos povos indígenas mantiveram aspectos de sua cultura. Leia o texto a seguir, que fala da noção de tempo para alguns grupos.

> A maloca, a aldeia e a mata formavam e formam um pequeno universo onde todos crescem convivendo com o ritmo do tempo, que não era marcado por relógios ou calendários. Os índios se orientam pelas mudanças da natureza. O bebê não leva nove meses para nascer, e sim dez luas, como ainda marcam os Xavante. Um acontecimento pode ser notado pela chegada das chuvas, pelo canto dos pássaros, pela desova dos peixes ou pela floração das árvores. Cada coisa acontece no seu tempo. Inclusive caçar e pescar... [...]
>
> **Pindorama: terra das palmeiras**, de Marilda Castanha. São Paulo: CosacNaify, 2007. p. 14.

maloca: conjunto de moradias indígenas.

Hoje, um dos maiores desafios dos povos indígenas é garantir seu direito à terra. Leia o texto a seguir.

Já imaginou se alguém expulsasse você da sua própria casa? Do lugar em que viveram seus pais, seus avós, bisavós? É isso que está acontecendo hoje com as crianças guarani kaiowá, no sul de Mato Grosso do Sul.

No passado, esse povo, assim como outros povos no Brasil, foi expulso de suas casas e terras, passando a viver em acampamentos de beira de estrada. Hoje a luta dos Guarani Kaiowá é para retomar seus territórios tradicionais – os *tekoha* – e poder criar suas crianças de acordo com o seu modo de vida.

É o caso da comunidade indígena Kurusu Amba, que fica na fronteira do Brasil com o Paraguai. Os indígenas, cansados de viver em acampamentos longe de suas casas, retomaram a área pacificamente em junho de 2015, mas logo depois foram expulsos de lá com muita violência por fazendeiros.

Em agosto e setembro, as comunidades guaranis kaiowás de Ñande Ru Marangatu, Guyra Kambi'y, Pyelito Kue e Potrero Guasu também tentaram voltar para os seus *tekoha*, e, assim como os Guarani Kaiowá de Kurusu Amba, foram forçados a sair de lá.

"Somente queremos o nosso *tekoha* de volta", eles dizem. Ajude as crianças guaranis kaiowás a voltarem pra casa!

Disponível em: <http://pibmirim.socioambiental.org/node/16673>. Acesso em: 15 jan. 2016.

***tekoha* ou *tekoá*:** aldeia guarani.

Cassandra Cury/Pulsar Imagens

Meninos da etnia guarani kaiowá na aldeia Água Bonita, em Campo Grande (MS), 2015.

ATIVIDADES

- Os Guarani Kaiowá querem suas terras de volta. Você concorda? Por quê? Converse com o professor e os colegas, depois escreva o que a turma concluiu.

ATIVIDADES DO CAPÍTULO

1. Escolha as palavras que completam corretamente os espaços assinalados com IIIIIIIII. Depois, escreva no caderno as frases completas.

jesuítas • catolicismo • indígenas • portugueses

Os IIIIIIIII queriam que os IIIIIIIII trabalhassem nas atividades econômicas que praticavam na colônia. Para isso, contaram com a ajuda dos IIIIIIIII, que pretendiam ensinar o IIIIIIIII aos indígenas, pois não acreditavam na religião desses povos.

2. Responda às questões:

a) Atualmente, quantos povos indígenas vivem no Brasil?

b) Como os povos indígenas que preservam seus modo de vida tradicional se orientam no tempo?

3. Observe a imagem, leia a legenda e depois responda às questões.

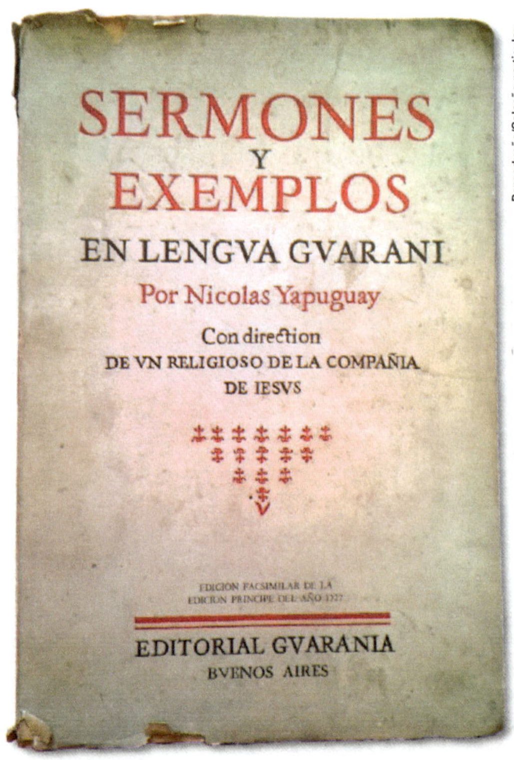

O Guarani Nicolás Yapuguay, autor deste livro, nasceu em Santa María (hoje Misiones, na Argentina) em 1680. Alguns indígenas guaranis que viviam nos aldeamentos escreveram cartas aos governantes, na língua guarani, e diários contando suas memórias. Por meio desses documentos, podemos conhecer o ponto de vista dos indígenas sobre os colonizadores.

a) Alguns Guarani que estudaram nas escolas dos jesuítas deixaram registros escritos. Que registros são esses?

____

b) Qual é a importância desses escritos na atualidade?

____

____

____

4. Observe a imagem e leia o texto a seguir, escrito por indígenas do grupo pataxó.

> Nossa aldeia representa nossa vida, sem ela, jamais conseguiremos sobreviver! Aqui nascemos, crescemos, vivemos e morremos.
>
> Aqui na aldeia temos também caças, matas, rios, peixes, morros, estradas, roçados, pedras, pássaros, o vento, a chuva, a Lua, o Sol, as estrelas, nossas casas, nossos velhos, nossas crianças, nossos jovens, nossas tradições e as ervas para fazermos remédios.
>
> A nossa comunidade é organizada pelos caciques, benzedores e lideranças. Os caciques e as lideranças representam a comunidade em reuniões na cidade.
>
> Nós, Pataxó, temos a nossa música, a nossa dança, o nosso casamento, as nossas brincadeiras, tudo dentro da nossa tradição.
>
> **O povo pataxó e suas histórias**, de Arariby, Jassanã e outros autores. São Paulo: Global, 2000. p. 9.

Renato Soares/Pulsar Imagens

Indígenas do povo pataxó na Reserva da Jaqueira, em Porto Seguro (BA), 2015.

- Reúna-se com um colega e respondam: qual é a importância da aldeia e das tradições para os Pataxó?

____

____

CAPÍTULO

6 ABRINDO CAMINHOS NA COLÔNIA

A BUSCA POR MAIS RIQUEZAS

Vimos que durante o século 16 os colonizadores portugueses fundaram vilas e cidades próximas ao litoral. A partir do século 17, muitos colonos começaram a se afastar do litoral em busca de metais preciosos e de indígenas para escravizar. Essas expedições para o interior da colônia são chamadas de **entradas**, **bandeiras** e **monções**.

Os três tipos de expedição tinham o mesmo objetivo, mas apresentavam algumas diferenças. As entradas eram organizadas por uma autoridade colonial; as bandeiras eram organizadas pelos próprios colonos. As entradas e bandeiras seguiam para o interior da colônia abrindo trilhas e caminhos no mato. Já as monções seguiam pelos rios.

- Observe a seguir uma pintura de José Ferraz de Almeida Júnior feita em 1897. Que tipo de expedição foi representada? Que título você daria a essa pintura?

Museu Paulista da USP, São Paulo.

A partida da monção, óleo sobre tela de José Ferraz de Almeida Júnior, 1897.

De modo geral, chamamos de **bandeirantes** as pessoas que participavam dessas expedições. As expedições partiam em direção a diversas regiões da colônia e foram importantes para a ocupação do território pelos colonizadores.

Veja no mapa a seguir os principais caminhos percorridos pelos bandeirantes.

Expedições bandeirantes (séculos 17 e 18)

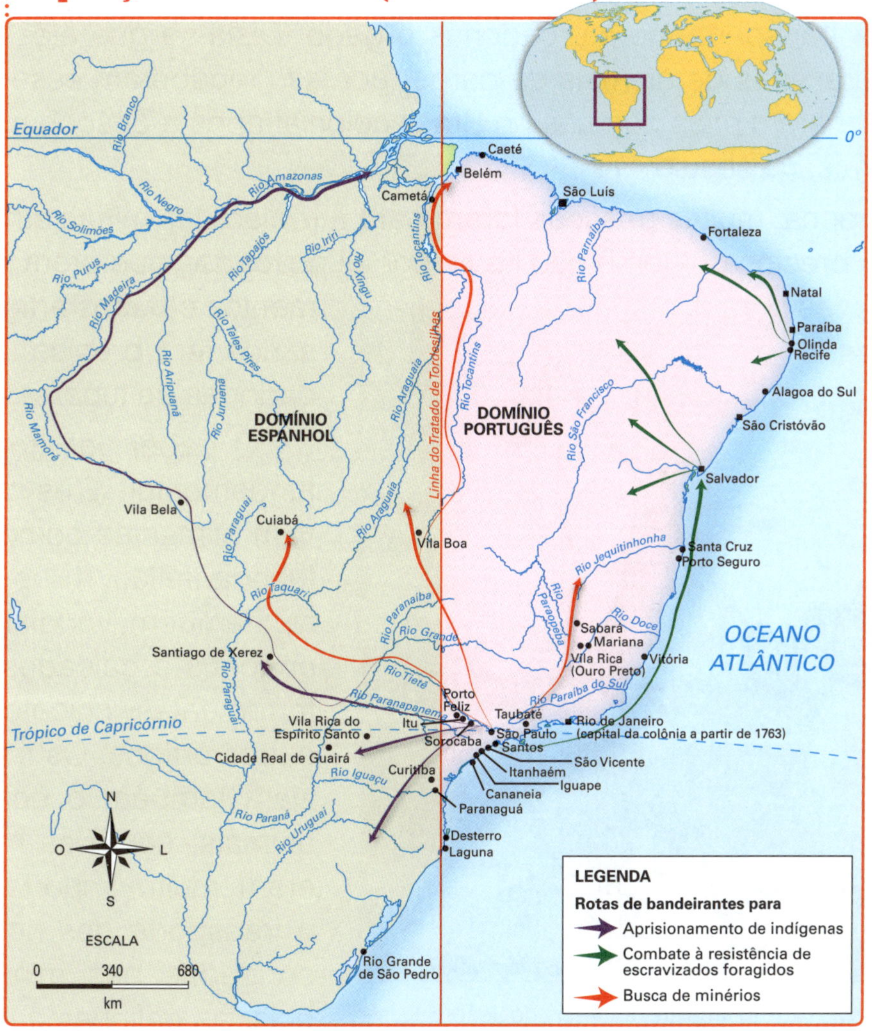

Allmaps/Arquivo da editora

Adaptado de: **Atlas histórico: Geral & Brasil**, de Cláudio Vicentino. São Paulo: Scipione, 2011. p. 101.

Você já ouviu falar do Tratado de Tordesilhas? Assinado em 1494 entre os governantes de Portugal e Espanha, foi um acordo que dividia as terras encontradas pelos navegadores dos dois reinos. Observe no mapa acima que as bandeiras cruzaram a linha definida por esse tratado, desrespeitando-o. Assim, essas expedições expandiram o domínio português por um território que pertencia aos espanhóis.

As bandeiras eram integradas por colonos portugueses e também por pessoas nascidas no Brasil, entre elas mamelucos e indígenas.

Os mamelucos muitas vezes eram os guias das expedições. Eles tinham contato com a cultura dos europeus e, ao mesmo tempo, conheciam bem as características e os perigos do território. Já os indígenas em geral carregavam os alimentos e outras bagagens e ajudavam a construir as canoas.

mamelucos: mestiços filhos de indígenas com brancos de origem europeia.

OS TROPEIROS E O COMÉRCIO NA COLÔNIA

Você já ouviu a palavra tropeiro? Os tropeiros eram homens que viajavam por toda a colônia transportando mercadorias e gado. Dizia-se que eles formavam "tropas" ou caravanas de animais de carga, por isso receberam esse nome. Os tropeiros se tornaram mais comuns no Brasil colonial após a descoberta do ouro em Minas Gerais, no século 17.

charque: carne bovina salgada e seca ao sol.

Naquela época, muitas pessoas foram para a região das minas em busca de ouro e pedras preciosas. Como não havia por ali povoados que produzissem alimentos e outros artigos necessários, era preciso trazer mercadorias de lugares distantes.

O papel dos tropeiros era fundamental. Eles transportavam alimentos como charque, farinha, feijão, milho e rapadura. Também vendiam roupas, chapéus e calçados, além de ferramentas, chicotes, selas e outros artigos. Os tropeiros faziam também o comércio de animais, como as mulas, que eram muito importantes para o transporte das riquezas encontradas nas minas. Já os bois, as galinhas e as ovelhas serviam de alimento.

Biblioteca Nacional, Rio de Janeiro, RJ.

Escravo negro conduzindo tropas na província do Rio Grande, aquarela de Jean-Baptiste Debret, 1823, artista francês que visitou o Brasil no século 19. As mulas representadas na imagem são animais dotados de muita resistência, capazes de percorrer caminhos difíceis.

Agora, leia o texto a seguir, sobre o dia a dia dos tropeiros.

> As tropas partiam muito cedo, ainda com o dia escuro. Paravam entre 12 e 14 horas para o descanso e abrigo. Instalavam o pouso e ainda sobrava um tempo para a caça ou pesca e preparar a refeição: paçoca de carne, feijão, carne seca [...]. Comida de tropeiro precisava ser mais seca para ser transportada e não entornar. Para o tempo passar, tinha viola e contação de causos. [...]. Muitas dessas paragens acabaram resultando em arraiais e vilas.
>
> **Memória tropeira**, de Luiz Cruz. Disponível em: <www.revistadehistoria.com.br/secao/artigos/memoria-tropeira>. Acesso em: 18 jan. 2016.

entornar: virar, derramar.

causos: histórias sobre algo que ocorreu.

Observe as imagens a seguir.

Coleção Particular, Rio de Janeiro.

Rancho de tropeiros, óleo sobre madeira de Charles Landseer, 1827.

Reprodução/Pinacoteca Benedicto Calixto, Santos, SP.

Rancho Grande (dos Tropeiros), óleo sobre tela de Benedito Calixto, de 1921. Ao fundo, o hospital e igreja da Misericórdia, em Santos.

ATIVIDADES

- Depois de ler o texto e observar as pinturas, imagine que você vai fazer uma viagem como a dos tropeiros. Como você se prepararia para essa viagem? Responda no caderno.
  - a) Qual seria seu ponto de partida?
  - b) Para onde você iria?
  - c) O que você faria?
  - d) Que alimentos você levaria?
  - e) Que roupas seriam as mais adequadas?
  - f) Que objetos poderiam ser úteis?

Biblioteca Nacional, Rio de Janeiro, RJ.

ATIVIDADES DO CAPÍTULO

1. Observe as imagens e leia o texto a seguir.

Museu Paulista da USP, São Paulo.

Domingos Jorge Velho e o tenente Antônio Fernandes Abreu, óleo sobre tela de Benedito Calixto, 1903.

Daniel Cymbalista/Pulsar Imagens

A estátua do bandeirante Borba Gato foi inaugurada em 1962, na avenida Santo Amaro, na cidade de São Paulo (SP). Obra do artista Júlio Guerra, a escultura tem cerca de 10 metros de altura e pesa 20 toneladas. Foto de 2009.

Veja no seu **Miniatlas** o mapa da página 12.

No mato sem cachorro

Altivos, imponentes, longas botas, chapéu e armas vistosas. Esqueça a imagem típica dos bandeirantes difundida pelos livros didáticos. A realidade era bem outra: as tropas caminhavam descalças por extensos territórios, sujeitas a todo tipo de desconforto, à mercê dos ataques de índios e de animais, fustigadas pela fome.

Antes de virar herói – invenção da elite no início da República, para enaltecer a capacidade de liderança dos paulistas –, o bandeirante foi o protagonista de uma colonização árdua e violenta, que durante mais de dois séculos desenvolveu uma cultura própria, bem distante dos padrões europeus.

Desde o século 16 até as primeiras décadas do 18, expedições partiram em busca de metais preciosos e de índios para serem vendidos como escravos nas plantações que abasteciam a colônia. Essas incursões ganharam o nome de "bandeiras" – possivelmente por causa do costume tupiniquim de levantar uma bandeira em sinal de guerra. [...] As bandeiras foram a principal atividade da economia de São Paulo até a década de 1690, quando foi descoberto o ouro na atual região de Minas Gerais. Usurparam os territórios indígenas, capturaram milhares de índios, arrasaram aldeias, destruíram etnias e favoreceram a difusão de epidemias.

Disponível em: <www.revistadehistoria.com.br/secao/capa/no-mato-sem-cachorro>. Acesso em: 18 jan. 2016.

fustigadas: maltratadas; castigadas.
usurparam: tomaram à força.

Agora, responda às perguntas.

a) O que as imagens mostram?

____

b) De acordo com o texto, qual é a imagem típica dos bandeirantes difundida pelos livros?

____

____

c) Qual é a diferença entre a representação dos bandeirantes nas imagens e sua descrição no texto?

____

____

____

d) Como o texto descreve a ação dos bandeirantes em relação aos povos indígenas?

____

____

2. A pintura ao lado é um estudo do artista Henrique Bernardelli e mostra como ele imaginou a figura de um bandeirante.

a) Agora é sua vez! Pesquise em outros livros e na internet informações sobre os bandeirantes. Depois, faça um desenho em uma folha avulsa representando um desses homens.

b) Seu desenho ficou parecido com o bandeirante de Bernardelli? Qual das representações você acha mais parecida com um bandeirante de verdade? Por quê?

____

____

____

Museu Paulista da USP, São Paulo, SP.

Ciclo da caça ao índio, óleo sobre tela de Henrique Bernardelli, de 1923.

ENTENDER O TEMPO HISTÓRICO

Há mais de cem anos o pintor Benedito Calixto procurou representar o momento da fundação de uma cidade no início da colonização.

Observe a imagem abaixo.

Museu Paulista da USP, São Paulo, SP.

Fundação de São Vicente, óleo sobre tela de Benedito Calixto, 1900.

1. Com base no que você estudou, na observação da imagem e na leitura da legenda, responda às questões:

a) A fundação de qual cidade está representada na pintura?

____

b) Descreva a paisagem representada na imagem.

____

____

c) Quais são os personagens representados na pintura?

____

____

d) Em que data ocorreu a fundação de São Vicente? ______________

e) Em que ano a pintura foi feita? ______________________

f) Quanto tempo se passou entre o acontecimento (a fundação da cidade) e a realização da pintura?

____

g) Em que região essa cidade foi fundada e em que estado está situada atualmente?

____

____

2. Observe as fotos abaixo, que mostram a praia do Itararé, em São Vicente, no século passado e atualmente.

Reprodução/Foto Benassi

Praia do Itararé e ilha Porchat em São Vicente (SP) por volta de 1940.

Gilberto Grecco/Olhar Imagem

Praia do Itararé e ilha Porchat em São Vicente (SP) em 2010.

- Compare as duas fotos e verifique o que permaneceu igual e o que mudou no lugar retratado entre 1940 e 2010. Em seguida, escreva um texto no caderno com suas observações sobre esses dois momentos da cidade.

3. Pesquise em livros e na internet sobre a fundação da cidade em que você nasceu. Registre no caderno as informações que você obteve.

LER E ENTENDER

Você já assistiu a algum filme ou conhece alguma música que tenha como tema os povos indígenas? Já leu artigos sobre esses povos em revistas e jornais? Que curiosidade você tem sobre os primeiros habitantes do Brasil?

Solução caseira

Biblioteca Nacional, Rio de Janeiro, RJ.

Mamelucos conduzindo prisioneiros índios, gravura de Jean-Baptiste Debret, 1834.

Tão logo fizeram os primeiros contatos na costa brasileira, os portugueses começaram a carregar suas embarcações com mercadorias extraídas da nova terra para serem levadas à Europa. Entre elas, o pau-brasil, animais exóticos e... índios. Em pouco tempo tornou-se comum encontrar escravos indígenas nas ruas de Lisboa e arredores, principalmente nos serviços domésticos. Eles também eram vendidos na Espanha e em seus domínios.

exóticos: estrangeiros, esquisitos. No texto, refere-se a animais desconhecidos para os europeus.

Quando os portugueses deram início às atividades produtivas no Brasil, a partir da criação das capitanias hereditárias, decidiram utilizar os índios para o trabalho escravo. Sem recursos para importar africanos e sem as condições necessárias para o emprego de mão de obra assalariada, os indígenas acabaram sendo a base da formação da economia colonial.

Transformá-los em escravos era uma tarefa difícil e arriscada. A presença portuguesa no Brasil e a ocupação das novas terras dependiam do apoio da população nativa. Para defender tão vasto território, a Coroa precisava dos índios como aliados militares contra os concorrentes europeus (no século 16, especialmente os franceses). Eles também eram úteis para combater grupos indígenas rivais que atacavam os incipientes núcleos coloniais, além de fornecerem informações e alimentos indispensáveis à sobrevivência em uma terra ainda mal conhecida. [...]

A Coroa se viu então diante de um dilema: como escravizá-los e, ao mesmo tempo, manter a sua "amizade"? A solução encontrada foi separar os índios aliados dos índios inimigos.

Solução caseira, de Elisa Frühauf Garcia. **Revista de História da Biblioteca Nacional**. ano 8, n. 91, abril 2013. Disponível em: <www.revistadehistoria.com.br/secao/capa/solucao-caseira>. Acesso em: 19 jan. 2016.

ANALISE

1. O artigo apresenta informações diferentes daquelas que você já tinha? Comente com os colegas e o professor.

2. Para quem provavelmente esse texto foi escrito?

____

3. O texto refere-se a que momento histórico? Como você percebeu isso?

____

____

4. A imagem que acompanha o artigo é uma gravura do artista e viajante francês Jean-Baptiste Debret. Que impressão essa imagem causa em você? Comente.

5. De acordo com o artigo, como os portugueses decidiram utilizar os indígenas?

____

6. Segundo o artigo, transformar os indígenas em escravos era uma tarefa difícil e arriscada. Por quê?

____

____

____

7. Qual foi a solução encontrada?

____

____

____

RELACIONE

8. Que informação você tem sobre os povos indígenas que vivem no Brasil nos dias atuais? Converse com os colegas e o professor sobre essa questão.

O QUE APRENDI?

1. Retome as questões apresentadas na abertura desta Unidade. Discuta com os colegas e o professor como você as responderia agora.

Artur Keunecke/Pulsar Imagens

2. No Capítulo 4 estudamos a formação de algumas cidades e suas transformações ao longo do tempo. Entreviste uma pessoa mais velha para aprender mais sobre esse tema. Registre as respostas no caderno, depois conte aos colegas o que você descobriu. Você pode perguntar ao entrevistado:

- Como era a cidade onde você morava quando era criança?
- Era muito diferente do que é agora? Que aspectos eram diferentes?
- Na sua opinião, que fatores causaram as mudanças?
- O que permaneceu igual?
- A cidade continua mudando? Em quais aspectos?
- O que você gostaria que mudasse e ainda não mudou?
- O que você gostaria que permanecesse igual?

3. No Capítulo 5 examinamos o processo de catequização dos indígenas e a resistência deles à escravização. Sobre isso, responda:

a) Por que era tão importante para os portugueses catequizar os indígenas?

____

____

b) Como os indígenas resistiram à escravização?

____

____

4. No Capítulo 6 vimos a importância dos tropeiros nas atividades comerciais da colônia. Hoje, várias cidades brasileiras preservam a memória do tropeirismo em museus, monumentos e passeios turísticos. Leia o texto e observe as imagens.

Memória tropeira

Os diversos pontos de parada das tropas, que hoje são cidades, tentam manter essa tradição. Um desses lugares é a cidade de Castro, no Paraná. Desde os primeiros anos do século 18, a localidade está ligada à rota tropeira. Lá se instalou, em 1975, o primeiro Museu do Tropeiro, que reuniu e expõe objetos, obras sacras, indumentária e artesanato ligado ao tema. O acervo é composto de mais de mil peças e pode ser considerado o mais importante do tropeirismo.

O Museu do Oratório, em Ouro Preto, reproduz um ambiente de repouso de tropeiro. O Museu de Artes e Ofícios, em Belo Horizonte, tem um grande acervo sobre o tema. O Museu do Folclore, no Rio de Janeiro, no bairro do Catete, criou uma ambiência interessante de um acampamento tropeiro. [...]

Pelo Brasil afora existem diversos circuitos tropeiros, muitos deles integrando o Circuito Estrada Real, com a inserção de 171 municípios, tendo como pontos estratégicos: Paraty, Rio de Janeiro, Ouro Preto e Diamantina. Mais de 1,6 mil quilômetros do roteiro podem ser conhecidos de bicicleta, a pé, a cavalo ou de carro. [...]

A memória tropeira está viva e presente em muitas localidades, é marco importante da nossa história. Conhecer e compreender a relevância dos tropeiros é valorizar a cultura brasileira.

Disponível em: <www.revistadehistoria.com.br/secao/artigos/memoria-tropeira>. Acesso em: 19 jan. 2016.

Cassandra Cury/Pulsar Imagens

O Mercado Municipal de Diamantina, hoje reconhecido como Patrimônio da Humanidade, foi um antigo rancho de tropeiros, ponto de parada onde as tropas também comercializavam seus produtos.

João Prudente/Pulsar Imagens

Interior do Museu do Tropeiro em Castro (PR). Foto de 2012.

• No lugar onde você mora há museus ou monumentos em homenagem aos tropeiros? Converse com os colegas e o professor sobre o assunto.

UNIDADE 3

O TRABALHO NA COLÔNIA

Detalhe da pintura **Engenho Real**, óleo sobre tela de Frans Post (c. 1637-1644).

- Que construções você vê na imagem? Para que servem?
- O que as pessoas estão fazendo? Quem são elas?
- Onde você acha que se passa a cena? Em que época?

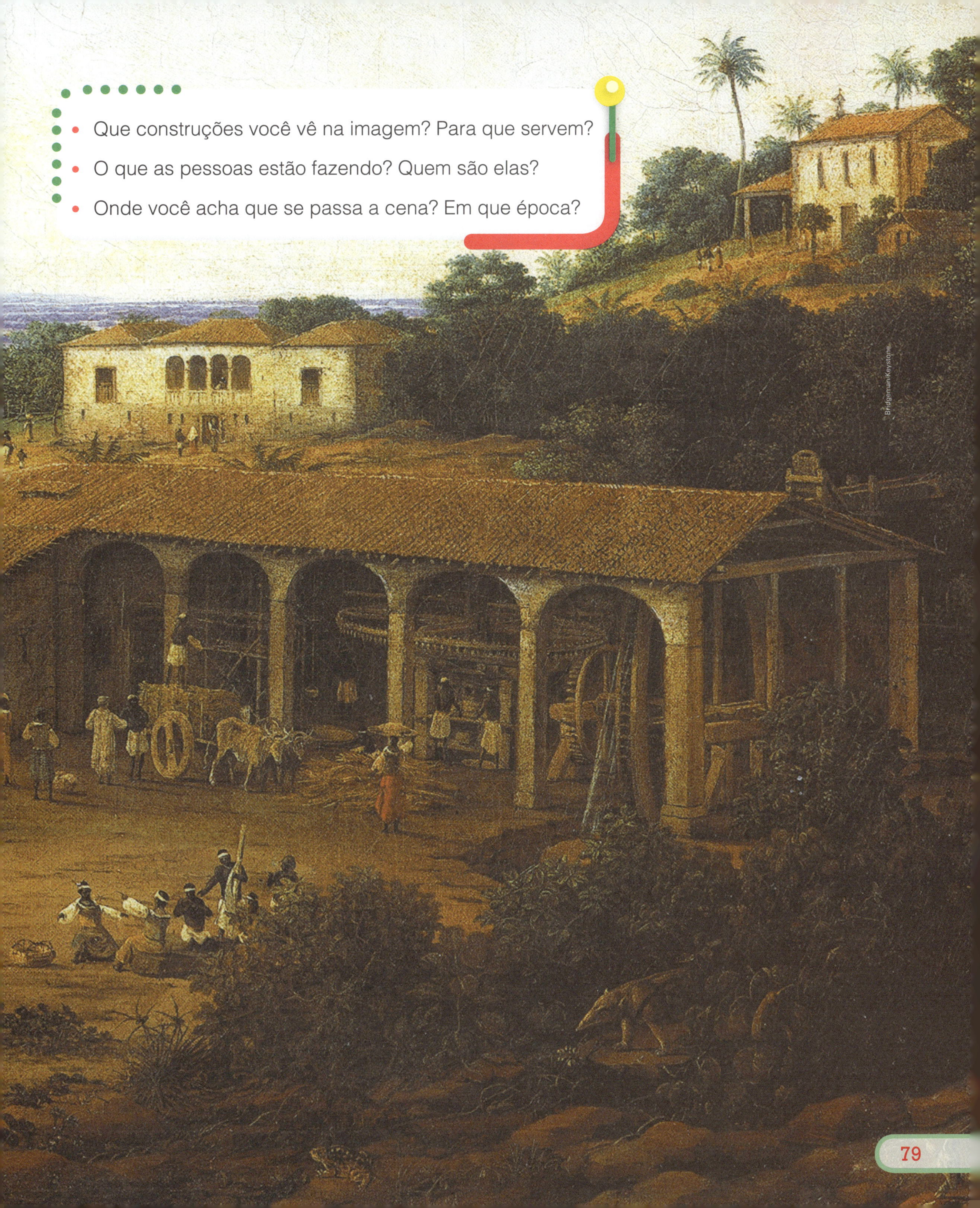

©Bridgeman/Keystone

CAPÍTULO

7 DA ÁFRICA PARA O BRASIL

A ÁFRICA E SEUS MUITOS POVOS

Puis Utomi Ekpei/Agência France-Presse

Cabeça com coroa, escultura em metal fundido feita entre os séculos 14 e 15. Encontrada em Ifé, no sudoeste da atual Nigéria, cidade que foi o berço do Império Iouruba, segundo indicam objetos recolhidos em escavações.

Quando ouvimos falar de "África", muitas vezes temos a impressão de que se trata de uma coisa só. No entanto, a África é um grande continente que abriga diversos povos. Estudos de vestígios arqueológicos indicam que a vida humana começou no continente africano; por isso, a África é chamada de "berço da humanidade".

Há milhares de anos, desenvolveram-se no continente africano importantes civilizações. No Reino de Kush, por exemplo, assim como no Reino do Egito, construíram-se grandes pirâmides. Veja a imagem abaixo.

Em 1400 os europeus iniciaram o comércio com a África e nesse continente encontraram vários povos, com línguas, modos de vida e culturas diferentes. Naquela época, existiam na África reinos grandes e pequenos, formados por vilas, aldeias e cidades.

Para conhecer a história dos diversos povos africanos, os arqueólogos e historiadores pesquisam em diferentes fontes. Por exemplo, em objetos usados no cotidiano deles, como vasilhas, panelas, cestos, utensílios de ferro e de outros metais, de cerâmica e de madeira. Também analisam construções, esculturas, enfeites e objetos usados em rituais religiosos.

Além da cultura material, os mitos e a tradição oral são também fontes importantes da história dos povos africanos. As histórias passadas de geração em geração mantêm viva a memória e os conhecimentos antigos.

Pirâmides de Meroé, construídas durante o Reino de Kush, um dos primeiros reinos africanos a surgir no vale do rio Nilo, onde hoje se localiza o Sudão. Durante a Antiguidade, a capital do Reino de Kush foi Meroé. Em 2011, os sítios arqueológicos da ilha de Meroé foram declarados Patrimônio da Humanidade. Foto de 2013.

Eric Lafforgue/Art in All of Us/Corbis

Em muitos reinos e aldeias africanas, as pessoas mais velhas eram as conselheiras dos chefes. Eram as mais respeitadas, porque conheciam a história de seu povo. Nas aldeias, era comum a presença do griô, um contador de histórias que percorria os povoados. Os griôs existem ainda nos dias de hoje e conservam vivas as tradições e memórias de diferentes grupos. Mitos e histórias da tradição oral explicam as origens de cada povo, os ciclos e os fenômenos da natureza. Assim como os objetos materiais, a tradição oral ajuda a conhecer a história da África.

Por meio dos mitos sabemos, por exemplo, que para a maior parte dos povos africanos os seres humanos, as plantas, os animais e os minerais pertencem ao mesmo universo. Assim, ao agredir a natureza, os seres humanos estariam destruindo a si mesmos.

BANTOS E SUDANESES

A partir do século 16, os portugueses trouxeram africanos escravizados para trabalhar no Brasil. Eles vieram de diversas regiões da África e tinham diferentes culturas: falavam línguas distintas, tinham crenças variadas e organizavam suas sociedades de diferentes maneiras.

Entre os séculos 16 e 17, foram trazidas principalmente pessoas que vinham da região onde hoje é Angola. Lá, assim como no Reino do Congo e na região onde hoje é Moçambique, viviam povos bantos. Os bantos fazem parte de um grande grupo que inclui povos de culturas distintas, como os angolas, os bengalas e os moçambiques. Apesar das diferenças, eles têm uma origem comum, falam línguas parecidas e têm crenças semelhantes. Os bantos praticavam a agricultura e conheciam técnicas de metalurgia, produzindo objetos de ferro e de outros metais.

Do século 17 ao 19, além da região da atual Angola, foram embarcados para o Brasil muitos africanos da Costa da Mina (hoje, nessa região, ficam países como Guiné e Gana). Naquele período, esses escravizados foram trazidos principalmente para Salvador. A maioria deles fazia parte do grupo dos sudaneses. Esse grupo também incluía povos distintos, como os hauçás e os iorubas.

Nas antigas cidades iorubas havia tecelões, oleiros, marceneiros, ferreiros e outros artesãos e artistas. No campo eram cultivados alimentos como mandioca, óleo de palma e inhame. Os iorubás eram conhecidos por seus trabalhos em cobre e bronze, com os quais produziam estatuetas, ferramentas e outros objetos.

Centenas de homens e mulheres iorubas foram trazidos ao Brasil como escravos, tendo sido levados principalmente para o Nordeste. Iorubas escravizados também foram levados para os atuais Estados Unidos e para Cuba.

Os povos bantos conheciam a metalurgia desde a Antiguidade. Usando ferro e outros metais, produziam ferramentas, lanças e outros objetos.

DA ÁFRICA PARA A AMÉRICA

Durante a expansão marítima, os europeus comercializavam vários produtos com os reinos que encontraram na África. A princípio se interessaram por riquezas como metais e pedras preciosas. Mais tarde começaram a comprar pessoas na condição de escravos, vendendo-os para trabalhar na Europa e na América. Os escravizados eram trocados por tecidos, armas e outras mercadorias. Essa atividade, chamada **tráfico negreiro**, gerava muitos lucros para os comerciantes.

Alguns povos da África escravizavam os inimigos vencidos nas guerras. Havia também a escravidão por dívidas ou de pessoas condenadas por crimes. Esses escravizados, entretanto, não costumavam ser vendidos. A captura e a escravização como atividades comerciais se tornaram comuns na África após a chegada de mercadores vindos do Oriente e depois com os europeus.

Em geral, homens, mulheres e crianças eram capturados no interior da África e levados para cidades do litoral africano. Ali ficavam presos, à espera dos comerciantes que os compravam e os embarcavam em navios com destino à América.

Representação do comércio de escravos na África, no final do século 18. Na cena, os comerciantes africanos usam roupas brancas e gorro vermelho; já os escravizados estão nus ou seminus. A presença de comerciantes europeus é sugerida pelas embarcações.

The Bridgeman Art Library/Keystone

Após dias de espera, os africanos escravizados eram embarcados em navios negreiros ou tumbeiros. Para dificultar a ocorrência de revoltas, famílias e pessoas de um mesmo grupo eram separadas. Muitas crianças eram separadas da mãe.

A viagem marítima da África para a América era longa e penosa. Os escravizados eram transportados em péssimas condições, acorrentados no porão do navio. Muitos deles morriam durante a travessia do oceano, por causa de doenças, fome ou sede.

Observe no mapa abaixo as principais rotas do tráfico de escravizados.

negreiros: nome dado aos traficantes de escravizados da África para o Brasil e também aos navios que transportavam os africanos.

tumbeiros: navios negreiros de pequeno porte, que faziam o tráfico em condições tão precárias que a maior parte dos escravizados morria; por isso o nome, que lembra tumba ou túmulo.

Principais rotas do tráfico de escravizados

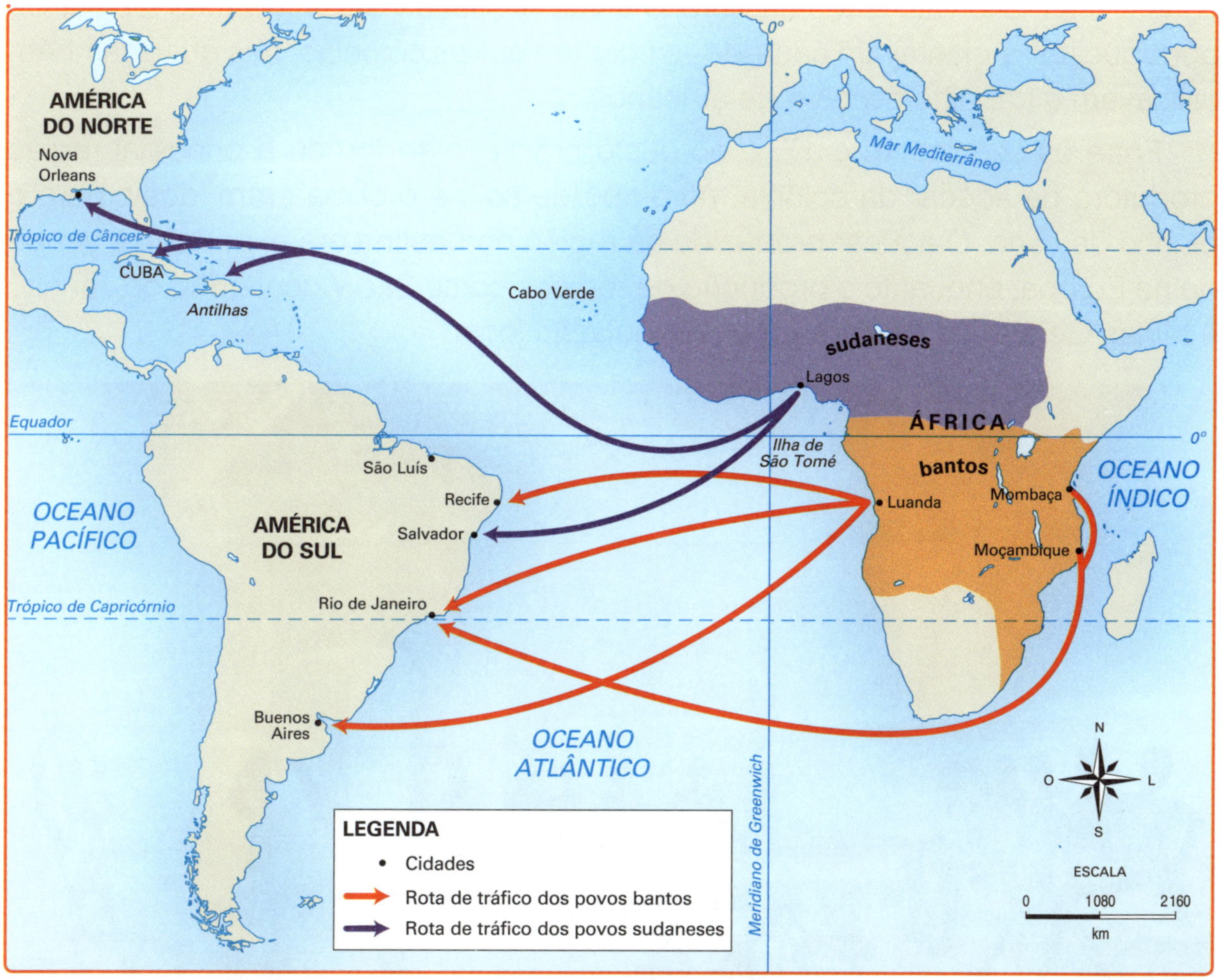

Atlas – História do Brasil, de Flavio de Campos e Miriam Dolhnikoff. São Paulo: Scipione, 1993. p. 9.

A CHEGADA DOS AFRICANOS

Você imagina o que acontecia com os africanos quando chegavam à colônia portuguesa na América?

Os homens, mulheres e crianças que sobreviviam à travessia do oceano Atlântico eram desembarcados nos portos de Recife, Salvador e Rio de Janeiro. Recebiam então alguns cuidados para alcançar melhor preço de venda: tinham os dentes limpos, o cabelo raspado e o corpo coberto de óleo. Depois eram levados a mercados onde aguardavam os compradores. Os escravizados de maior valor eram os jovens e homens entre 12 e 30 anos de idade.

Muitos cativos vieram da região africana da Guiné, que era habitada por diferentes povos. Os portugueses chamavam os africanos de "negros da Guiné" para diferenciá-los dos indígenas escravizados, a quem chamavam de "negros da terra".

Veja a produção de açúcar na colônia no seu **Miniatlas**, na página 13.

A partir de 1550, aumentou o tráfico de africanos para o Brasil, pois havia necessidade de mão de obra para trabalhar nas plantações de cana-de-açúcar. O açúcar era muito valorizado na Europa e sua produção trazia grandes lucros. Os portugueses já plantavam cana-de-açúcar em outras colônias, nas quais também utilizavam o trabalho escravo de africanos.

Entre os séculos 16 e 17, o nordeste brasileiro se tornou a principal região produtora de açúcar da colônia. Ali o tipo de solo e o clima eram ideais para o plantio da cana. O açúcar produzido na região nordestina era exportado e vendido na Europa, enquanto a produção de regiões como São Vicente, Rio de Janeiro e Minas Gerais era vendida para a população local.

Biblioteca Nacional, Rio de Janeiro, RJ.

Mercado da rua do Valongo, na cidade do Rio de Janeiro. Gravura de Jean-Baptiste Debret, 1834-1839.

No século 19, entre 1821 e 1826, a escritora e ilustradora inglesa Maria Graham esteve no Brasil e viveu algum tempo no Rio de Janeiro. Leia a seguir um trecho de seu diário de viagem, escrito no dia 1º de maio de 1823.

> Vi hoje o Val Longo [Valongo]. É o mercado de escravos do Rio. Quase todas as casas desta longuíssima rua são um depósito de escravos. Passando pelas suas portas à noite, vi na maior parte delas bancos colocados rente às paredes, nos quais filas de jovens criaturas estavam sentadas, com as cabeças raspadas, os corpos macilentos, tendo na pele sinais de sarna recente.
>
> Em alguns lugares, as pobres criaturas jazem sobre tapetes, evidentemente muito fracos para sentarem-se. Em uma casa, as portas estavam fechadas até meia altura e um grupo de rapazes e moças, que não pareciam ter mais de quinze anos, e alguns muito menos, debruçava-se sobre a meia porta e olhava a rua com faces curiosas. Eram evidentemente negros bem novos.
>
> **Diário de uma viagem ao Brasil**, de Maria Graham. São Paulo: Companhia Editora Nacional, 1956. v. 8. p. 254.

rente: muito próximo, junto.

macilentos: magros e pálidos.

sarna: escabiose, doença de pele contagiosa.

jazem: estão deitados ou estendidos.

O artista francês Jean-Baptiste Debret, que também esteve no Brasil no século 19, fez um desenho do mercado que Maria Graham descreveu em seu diário. Observe a imagem na página ao lado.

ATIVIDADES

Após ler o texto de Maria Graham e observar o desenho de Debret, responda:

a) Na gravura de Debret, quem você acha que é o homem representado de chapéu e botas? E o homem sentado na cadeira? O que eles estão fazendo?

b) O que mais chamou sua atenção na descrição feita por Maria Graham?

c) Quais direitos desses homens, mulheres e crianças estão sendo desrespeitados? Por quê?

DIVERSIDADE DOS POVOS AFRICANOS

A partir do século 16 foram trazidos para o Brasil africanos de uma centena de povos diferentes. Para conhecer mais sobre esse assunto, leia um texto do historiador Alberto da Costa e Silva, especialista na cultura e na história da África.

De que África teria saudades um africano no Brasil? De sua aldeia, certamente, ou do bairro da cidade onde passou sua infância. No Brasil, deixara de ser conhecido por sua terra natal, pelo seu clã, pelo nome que o seu povo dava a si mesmo ou recebia dos vizinhos. Exceto para ele e para os conterrâneos ou vizinhos que encontrava no exílio, não era mais um iaca, auori ou gun: passara a ser chamado angola, nagô ou mina, e africano, e negro. Na fazenda ou na cidade onde penava, podia haver quem falasse o seu idioma ou outro próximo, e até quem fosse de seu vilarejo e seu malungo, ou companheiro de barco na travessia do Atlântico.

Por toda parte, porém, encontrava gente estranha, de outras Áfricas que não a sua, com tradições, crenças, valores, costumes, saberes e técnicas diferentes. Este, em sua terra, andava de camisolão até os pés e gorro na cabeça, aquele não tinha mais do que um pano entre as pernas, amarrado na cintura. Aqui, as mulheres entrançavam os cabelos com contas e conchas; ali, cobriam a cabeça com véu ou turbante; acolá, raspavam o crânio. Umas vestiam-se apenas com miçangas, outras com bubus, ou envolviam o corpo com panos coloridos, e todas exibiam muitos colares e argolas nos braços e nos tornozelos.

Um Brasil, muitas Áfricas, de Alberto da Costa e Silva. Disponível em: <www.revistadehistoria.com.br/secao/dossie-imigracao-italiana/um-brasil-muitas-africas>. Acesso em: 22 fev. 2016.

clã: grupo de famílias unidas por um antepassado comum.

malungo: camarada, companheiro.

bubus: túnica longa e larga usada na África negra.

1. No trecho acima, ao falar dos sentimentos do africano trazido ao Brasil, o autor comenta: “Por toda parte, porém, encontrava gente estranha, de outras Áfricas que não a sua, com tradições, crenças, valores, costumes, saberes e técnicas diferentes”.

   a) Como você entende essa frase?

   ____

   ____

   ____

   b) Como você acha que é a experiência de estar entre gente estranha, de costumes, crenças, valores e saberes diferentes dos seus? Você já teve essa experiência?

   • Converse com o professor e os colegas sobre isso.

2. Agora observe as imagens e veja como Jean-Baptiste Debret representou mulheres e homens de diferentes povos africanos que viviam no Rio de Janeiro do século 19.

Escravas negras de diferentes nações (detalhe), de Jean-Baptiste Debret, século 19.

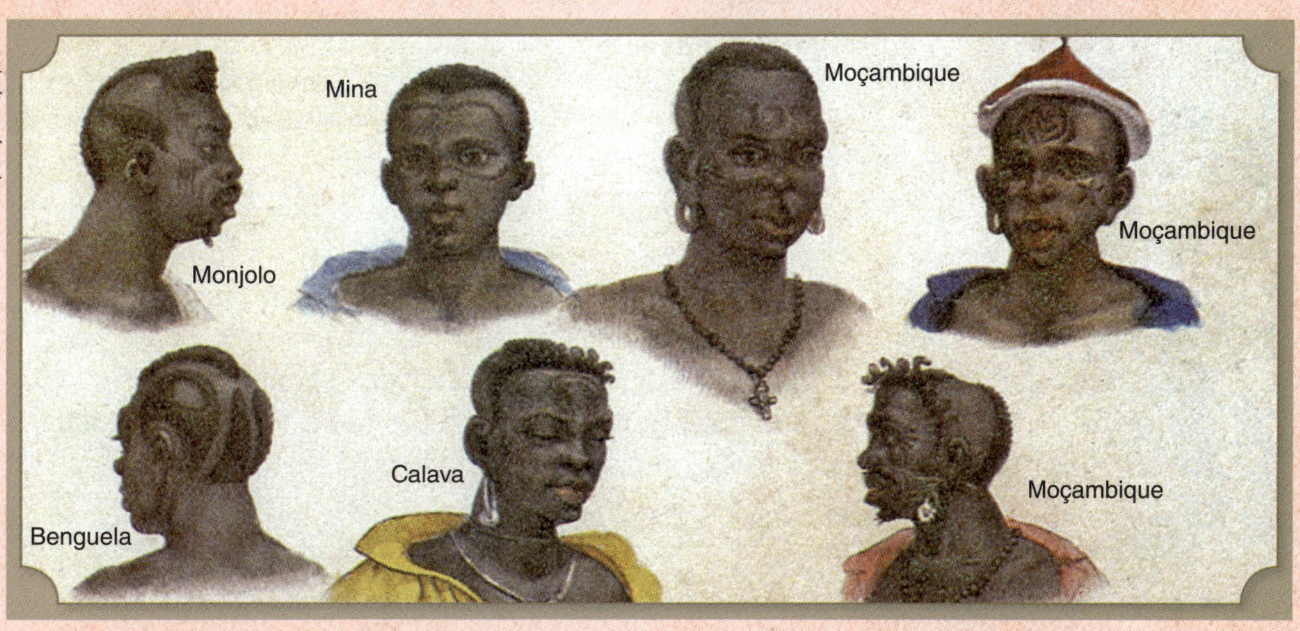

Diferentes nações de negros (detalhe), de Jean-Baptiste Debret, século 19.

3. Nas imagens acima, podemos observar, além das feições femininas e masculinas, diferentes estilos de penteado, tatuagens, joias, adornos e vestimentas.

   a) Observe as figuras femininas. Quais estilos de roupa, penteados e enfeites você identifica com as culturas africanas e quais parecem característicos da cultura europeia?

   b) Observe as figuras masculinas. Você já viu penteados ou tatuagens semelhantes entre as pessoas que vivem na nossa época?

ATIVIDADES DO CAPÍTULO

1. Explique a relação entre a produção de açúcar na colônia e o tráfico de africanos para o Brasil.

2. O texto a seguir faz parte de uma história inventada, mas descreve uma situação baseada em fatos reais. A personagem que faz o relato é Kehinde, uma menina nascida no reino africano do Daomé. Ela foi capturada com a irmã e a avó e embarcada em um tumbeiro para o Brasil. Leia o texto e depois responda às questões.

A viagem

O tumbeiro apitou e partiu pouco tempo depois que paramos de ouvir barulhos na parte de cima, quando acabaram de acomodar todos os homens.

[...] Vistos do alto, devíamos estar parecendo um imenso tapete, deitados no chão sem que houvesse espaço entre um corpo e outro [...].

Durante dois ou três dias, não dava para saber ao certo, a portinhola no teto não foi aberta, ninguém desceu ao porão e estava quase impossível respirar. Algumas pessoas se queixavam de falta de ar e do calor, mas o que realmente incomodava era o cheiro de urina e de fezes. [...]

As pessoas enjoaram, inclusive nós, que vomitamos o que não tínhamos no estômago, pois não comíamos desde o dia da partida, colocando boca afora apenas o cheiro azedo que foi tomando conta de tudo. O corpo também doía, jogado contra o chão duro, molhado e frio, pois não tínhamos espaço para uma posição confortável. [...] Tudo o que queríamos saber era se ainda estávamos longe do estrangeiro, e alguns diziam que já tinham ouvido falar que a viagem poderia durar meses, o que provocou grande desespero. [...]

Um defeito de cor, de Ana Maria Gonçalves. Rio de Janeiro: Record, 2006. p. 46.

a) Por que os navios negreiros eram chamados de tumbeiros?

____

____

b) Na sua opinião, o que era mais difícil na travessia dos tumbeiros pelo oceano Atlântico?

____

3. Chaka é um menino muito curioso. Ele quer conhecer tudo o que o avô sabe da história do seu povo. Leia um trecho da conversa entre Chaka e o seu avô.

> Vovô Dembo é alto que nem o baobá e mais sábio que o marabu.
>
> Vovô Dembo é meu avô, ele conta histórias melhor que ninguém.
>
> – Diga, vovô Dembo, me diga qual é a cor da África.
>
> – A África, meu pequeno Chaka? A África é preta como a minha pele, é vermelha como a terra, é branca como a luz do meio-dia, é azul como a sombra da noite, é amarela como o grande rio, é verde como a folha da palmeira. A África, meu pequeno Chaka, tem todas as cores da vida.
>
> **A África, meu pequeno Chaka**, de Marie Seller e Marion Lesage. São Paulo: Companhia das Letrinhas, 2009. p. 3-4.

baobá: grande árvore do continente africano. Muitos griôs eram enterrados no interior do tronco de um baobá para que suas histórias não se perdessem.

marabu: sacerdote da religião muçulmana, difundida na África pelos árabes. No Brasil, os africanos de religião muçulmana eram chamados malês.

a) Com base no que você estudou sobre a diversidade dos povos africanos, explique: por que o avô respondeu que a "África tem todas as cores da vida"?

____

____

____

b) Vovô Dembo é um contador de histórias. Por que a tradição oral é importante entre muitos povos africanos?

____

____

____

4. Você aprendeu que griô é o nome dos contadores de histórias na África. Agora faça o seguinte:

a) Peça a seus avós ou a outras pessoas mais velhas que lhe contem uma história inventada por eles.

b) Em uma folha avulsa, escreva com suas palavras a história que você ouviu.

c) Faça um desenho para ilustrar a história, depois mostre seu trabalho aos colegas de classe.

CAPÍTULO

8 VIDA E TRABALHO NOS ENGENHOS

COMO ERA O ENGENHO

Os engenhos do período colonial eram grandes propriedades onde se plantava cana-de-açúcar e se produzia açúcar para ser comercializado. Para realizar todas essas atividades, eram necessários muitos trabalhadores. Em alguns engenhos trabalhavam mais de 200 pessoas escravizadas.

O trabalho era pesado e exaustivo, muitas vezes chegando a 18 horas por dia. Os escravos eram vigiados todo o tempo e submetidos a castigos físicos.

Leia a seguir como a historiadora Marina de Mello e Souza descreve o trabalho e a relação dos africanos escravizados com os senhores.

lavoura: cultivo da terra para plantação.

feitores: administradores da fazenda, responsáveis por vigiar os escravos e impedir as fugas.

cavalariços: empregados que cuidam dos cavalos.

Os escravos que trabalhavam na lavoura tinham pouco ou nenhum contato com seus senhores, representados pelos feitores, que lhes transmitiam as ordens, vigiavam o serviço e aplicavam os castigos. Geralmente moravam em senzalas: quartos sem janelas em construções coletivas ou cabanas separadas, mas sob vigilância constante. Ali conviviam com os escravos domésticos, que também moravam nas senzalas, mas trabalhavam em atividades ligadas à casa-grande: cozinheiras, lavadeiras, amas de quarto, cavalariços, jardineiros, todos mais próximos dos *sinhôs* e *sinhás*, maneira íntima de se referir aos senhores com quem conviviam no dia a dia, servindo-lhes de forma obediente e competente, pois essas eram as características indispensáveis aos escravos domésticos.

África e Brasil africano, de Marina de Mello e Souza. São Paulo: Ática, 2012.

A gravura **O jantar no Brasil**, de Jean-Baptiste Debret, século 19, mostra um casal de senhores brancos fazendo sua refeição, servidos por escravos domésticos.

No engenho colonial havia vários espaços diferentes. Uma grande área era utilizada para a plantação de cana-de-açúcar. Havia também pastos para o gado e áreas de mata. A produção do açúcar começava na moenda e passava por várias etapas (veja a página 92). Bois, vacas e outros animais ficavam em currais, estábulos e galinheiros. Havia ainda moinhos para movimentar as moendas e também oficinas onde trabalhavam artesãos, como ferreiros, seleiros e carpinteiros.

Dominando o engenho, em local mais elevado, ficavam a casa-grande, onde moravam o senhor de engenho e sua família, e a capela. Junto da casa ficavam a horta e o pomar. Os escravos eram alojados na senzala, sempre vigiados por um feitor. Observe a ilustração a seguir.

moenda: máquina usada para esmagar a cana, movida a água ou por tração animal (bois). Havia também moendas pequenas movidas por escravos.

Theo Szczepanski/Arquivo da editora

1. Casa-grande
2. Senzala
3. Casa de engenho (moenda)
4. Capela
5. Casas de empregados livres
6. Canavial
7. Curral
8. Reserva florestal
9. Roças de subsistência (alimentos)
10. Rio

ATIVIDADES

1. Como viviam os escravizados que trabalhavam na lavoura da cana e na produção do açúcar? Responda no caderno.
2. Os escravos domésticos tinham condições de vida diferentes? Explique.
3. Por que os escravizados eram constantemente vigiados e castigados?

A PRODUÇÃO DO AÇÚCAR

Nos engenhos a vida girava em torno da produção do açúcar, que ocorria em diferentes etapas. Em todas elas, o trabalho era feito pelos escravizados. Primeiro era necessário derrubar a mata e preparar a terra. Então era possível plantar e depois colher a cana e transportá-la até a moenda.

Na moenda, a cana era triturada. O caldo obtido era aquecido nas caldeiras. Os escravos alimentavam o fogo com lenha e mexiam o caldo até engrossar, produzindo o melaço. Ao esfriar, o melaço endurecia, formando o açúcar mascavo ou a rapadura. Por fim, na casa de purgar, eram retiradas as impurezas para clarear o açúcar.

O produto final era então levado para galpões, encaixotado e transportado até os portos, em cidades do litoral. Dali, embarcado em navios, o açúcar seguia para a Europa, onde era comercializado.

Observe nesta gravura do século 17 as diferentes etapas de produção do açúcar e os diferentes tipos de moenda.

melaço: caldo da cana aquecido e engrossado nas caldeiras.

purgar: retirar impurezas dos blocos de açúcar.

Processo do açúcar, gravura de Simon de Vries, 1682.

Além do trabalho com a cana, os escravos cortavam lenha para alimentar os fornos, abriam trilhas e estradas, construíam as instalações, faziam cercas e cavavam poços. Ou seja, faziam todo o trabalho pesado nos engenhos.

Enquanto trabalhavam, eram constantemente vigiados por feitores. Se algum deles tentasse fugir, ou quisesse simplesmente descansar, podia ser violentamente castigado. O açoite era um dos castigos mais comuns. Preso a um tronco, o escravizado levava fortes chibatadas. Podia também passar vários dias praticamente imobilizado, preso a um tronco pelos pés ou pelo pescoço.

açoite: golpe aplicado com chicote ou vara.

carpinteiros: artesãos que fazem objetos de madeira.

Nos engenhos, havia também alguns trabalhadores livres pobres. Muitos eram indígenas, caboclos ou ex-escravos libertos. Eram contratados pelos senhores para diversas tarefas, como cavar valas, cortar árvores, levar mensagens ou mesmo ajudar na lavoura.

Os trabalhadores contratados mais bem pagos eram os feitores e os mestres que trabalhavam na produção do açúcar. Havia também prestadores de serviços, como carpinteiros, pedreiros e artesãos. Algumas pessoas livres trabalhavam como vendedores de alimentos, roupas e outros artigos. Vários desses trabalhadores viviam próximos dos engenhos e recebiam o pagamento dos senhores por dia de trabalho.

Os feitores eram responsáveis por manter o ritmo de trabalho nos engenhos. Eles vigiavam os africanos escravizados para impedir as fugas e também aplicavam os castigos.

Feitores castigando negros (detalhe), litografia de Jean-Baptiste Debret, século 19.

ATIVIDADES

- Escreva um texto descrevendo um engenho com base nas palavras abaixo.

cana-de-açúcar • escravizados • colônia • trabalho • engenhos

EM BUSCA DE LIBERDADE

Você acha que os escravizados aceitaram a escravidão? Apesar dos castigos e da violência, eles lutaram com muita coragem por sua liberdade.

A escravidão durou mais de 300 anos no Brasil. Ao longo desse tempo, os escravizados indígenas, os africanos e seus descendentes nascidos aqui (chamados de afrodescendentes) resistiram e lutaram de várias maneiras. Os indígenas resistiram enfrentando os brancos em combates e fugindo para as matas. Muitos africanos e afrodescendentes tentavam fugir das fazendas e das cidades.

A forma mais comum de luta contra a escravização era a fuga. Ao fugir, os escravizados se escondiam nas matas, nas serras e até em cavernas. Nesses lugares, de difícil acesso, eles se protegiam para não serem capturados pelos "caçadores de escravos". Em muitos desses locais os ex-escravizados formaram comunidades chamadas **quilombos**. Em algumas dessas comunidades viviam também pessoas livres pobres e indígenas. Os moradores dos quilombos plantavam roças e criavam animais. Os alimentos produzidos eram usados para o sustento da comunidade e para trocar por produtos dos povoados próximos.

Outra forma de resistência à escravidão foi manter vivas as tradições africanas: as línguas de origem, as tradições, os costumes e a religião de cada povo.

Muitos escravizados conseguiam comprar uma carta de alforria. Por meio desse documento, o senhor libertava o escravizado em troca de uma certa quantia de dinheiro.

Zumbi, óleo sobre tela de Antônio Parreiras, 1927.

ZUMBI E O QUILOMBO DOS PALMARES

Atualmente, o dia 20 de novembro é feriado em muitas cidades brasileiras. Você sabe por que motivo? Nessa data é comemorado o Dia da Consciência Negra, que lembra a luta dos ex-escravizados contra a opressão e pela liberdade.

No dia 20 de novembro de 1695, Zumbi dos Palmares foi assassinado. Você já ouviu falar dele? Zumbi foi chefe de Palmares, o maior quilombo do Brasil, formado no início do século 17, na serra da Barriga, localizada no atual estado de Alagoas. Palmares alcançou seu maior crescimento por volta de 1630.

No quilombo dos Palmares viviam milhares de africanos e também alguns indígenas, que plantavam e criavam animais. Vários senhores de engenho e as autoridades tentaram destruir a comunidade. Só conseguiram acabar com o quilombo em 1695, quando Zumbi foi morto por um bandeirante paulista, Domingos Jorge Velho.

No século 18, ocorreram tantas fugas de escravos que o governo criou o cargo de **capitão do mato**. Os homens que assumiam esse cargo eram pagos para caçar os escravizados fugidos e destruir os quilombos.

Existiram quilombos em várias regiões do Brasil, como mostra o mapa a seguir. No século 19, havia quilombos também nas cidades, como o quilombo Saracura, onde atualmente fica o bairro da Bela Vista, na cidade de São Paulo.

Capitão do mato, litografia de Johann Moritz Rugendas do século 18.

Quilombos no Brasil (séculos 18 e 19)

Adaptado de: **Terras de negros: herança de quilombos**, de Lourdes Carril. São Paulo: Scipione, 1997. p.13. (Ponto de apoio).

Ainda hoje existem muitas comunidades onde vivem os descendentes de africanos e afrodescendentes que formaram os quilombos do Brasil colonial. Seus habitantes, chamados **quilombolas**, hoje têm o direito à posse da terra garantido por lei.

ATIVIDADES DO CAPÍTULO

1. Em seu caderno, elabore frases sobre o trabalho escravo nos engenhos coloniais. Use as palavras a seguir:

   a) senzala – engenho – casa-grande

   b) feitor – caldeira – escravos – moenda

   c) melaço – cana-de-açúcar – comércio – purgar

   d) castigos – liberdade – quilombo – resistência

2. Explique o que era um quilombo.

3. Registre em seu caderno as informações solicitadas sobre o quilombo dos Palmares:

   a) Quando foi formado.

   b) Onde foi formado.

   c) Quem vivia em Palmares.

   d) Nome do principal líder de Palmares.

   e) Significado da data de 20 de novembro.

4. Escreva no caderno, na sequência correta, as etapas da produção do açúcar listadas a seguir.

   - Embarque do açúcar em navios para a Europa.
   - Cozimento do caldo em tachos nas caldeiras.
   - Embalagem do açúcar.
   - Moagem da cana-de-açúcar no engenho.
   - Purgação, limpeza para clarear o açúcar.

5. Agora leia um texto sobre uma das etapas do processo de produção do açúcar nos engenhos coloniais. Em seguida, responda às questões.

> Despedindo-se do feitor da moenda, João dirigiu-se à casa das fornalhas, de onde emanava o cheiro forte e adocicado da garapa cozida nas caldeiras. Ali o calor tornava-se insuportável. A lenha queimava firme nas fornalhas, num clarão avermelhado, enquanto os escravos caldeireiros mexiam o caldo. Iam tirando a grossa espuma que se formava na superfície com o auxílio de grandes conchas de cobre. O trabalho era duro e difícil, a temperatura enfraquecia os negros, e o feitor das fornalhas era geralmente escolhido entre os mais fortes e violentos da fazenda.
>
> **O engenho colonial**, de Luiz Alexandre Teixeira Jr. São Paulo: Ática, 2012.

Theo Szczepanski/Arquivo da editora

a) Qual é a etapa da produção descrita no texto?

____

____

b) Qual era a etapa anterior àquela descrita no texto?

____

____

c) O que acontecia com o produto depois da etapa descrita no texto?

____

____

d) Qual era o papel do feitor em cada uma das etapas de produção do açúcar?

____

____

____

6. Sobre as pessoas que trabalhavam nos engenhos, responda no caderno.

a) Quais eram as tarefas dos escravizados?

b) Quais eram as atividades dos trabalhadores livres pobres?

LEITURA DE IMAGEM

BRASIL: UM CALDEIRÃO DE CULTURAS

Como vimos, são muitas e variadas as contribuições culturais dos diferentes povos que formam a população brasileira.

Agora vamos observar e analisar duas imagens que retratam diferentes aspectos dessas influências culturais.

OBSERVE

1

Margarida Neide/Agência Estado

2

Geyson Magno/SambaPhoto

ANALISE

1. O que mostra a foto 1?

____

2. O que você sabe sobre esse jogo?

____

3. Como as pessoas se vestem para esse jogo?

____

4. Onde o jogo acontece?

____

5. Quantas pessoas participam do jogo?

____

6. O que mostra a foto 2?

____

7. O que você sabe sobre essa dança?

____

8. Como as pessoas estão vestidas para essa dança?

____

RELACIONE

9. A cultura brasileira recebeu a contribuição dos diversos povos que formam a nossa nação. Identifique a origem das seguintes práticas culturais.

- Hábito de tomar banho todos os dias.
- Dança da quadrilha.
- Ritmos musicais como o samba, entre outros.
- Capoeira.

CAPÍTULO 9

VIDA E TRABALHO NAS MINAS

A DESCOBERTA DO OURO

Desde que chegaram ao Brasil os colonos portugueses sonhavam em encontrar ouro e pedras preciosas.

Em 1693, bandeirantes paulistas encontraram ouro nas proximidades do rio das Velhas, no atual estado de Minas Gerais. A descoberta do ouro logo atraiu muitos aventureiros vindos de diversas regiões da colônia e também de Lisboa.

Os paulistas que haviam descoberto as minas de ouro queriam ser os únicos a explorar essa riqueza. Eles chamavam as pessoas vindas de outras regiões da colônia de **emboabas**. Os emboabas, por sua vez, não aceitavam o controle dos paulistas. Esse conflito provocou a Guerra dos Emboabas (1707-1709), que terminou com a derrota dos paulistas.

Veja no seu **Miniatlas** os mapas da página 13.

No século 18, várias minas de ouro foram descobertas nos atuais estados de Minas Gerais, Goiás e Mato Grosso. Os povos indígenas que viviam nesses locais foram atacados pelos colonos que buscavam ouro. Em Minas Gerais, ainda no século 18, também foram encontradas minas de diamantes.

Áreas de mineração no Brasil colonial (século 18)

Adaptado de: **Atlas histórico geral & Brasil**, de Cláudio Vicentino. São Paulo: Scipione, 2011.

No período colonial, a garimpagem mais comum era a do ouro de aluvião, encontrado nos rios ou em suas margens, misturado com pedrinhas, barro e areia. Para separar o ouro, os garimpeiros usavam a bateia, uma vasilha grande feita de madeira. O garimpeiro girava a bateia até separar os pedacinhos de ouro da areia e da argila.

Essa atividade, chamada de faiscar, era feita por escravos. Era um trabalho pesado, no qual passavam a maior parte do tempo dentro da água. O ouro era extraído também das minas – nesse caso, era chamado ouro de lavras. O trabalho nas minas exigia maior número de escravos, ferramentas e animais do que a atividade de faiscar nos rios. Por isso as minas em geral eram exploradas por pessoas mais ricas.

Franco Hoff/Pulsar Imagens

Garimpo na Colônia Jauru, em Coxim (MS). Foto de 2012.

O sonho de enriquecer atraiu milhares de pessoas para a região das minas. Para controlar a exploração do ouro, a Coroa portuguesa dividiu a região mineradora em áreas chamadas **datas**, que eram distribuídas apenas para as pessoas que tivessem escravos.

A Coroa portuguesa também criou impostos. Um deles era o **quinto**, que obrigava os donos das minas a enviar uma parte do ouro para Portugal. Outra medida foi a cobrança de pedágios nas pontes e estradas por onde passavam os carregamentos de ouro. Essas estradas ligavam a região das minas ao porto do Rio de Janeiro, onde o ouro era embarcado em navios para a Europa.

faiscar: procurar faíscas (fragmentos) de ouro com a bateia e separar da areia ou argila.

ATIVIDADES

Leia o texto a seguir, sobre o trabalho no garimpo no período colonial. Depois, responda às questões no caderno.

> [...] o duro trabalho no garimpo é feito numa postura muito penosa: curvado em dois, o mineiro mantém os pés dentro d'água. O escravo ainda em crescimento torna-se cambaio (pernas tortas) e muitos adolescentes ficam deformados para toda a vida. [...]
>
> **Ser escravo no Brasil**, de Kátia M. Queirós Mattoso. São Paulo: Brasiliense, 1982.

a) Lembrando o que você estudou, identifique o tipo de garimpo descrito no texto.

b) A que época a autora se refere?

AS CIDADES MINERADORAS

Muitas das vilas e cidades que conhecemos hoje se formaram por causa da exploração do ouro. No início, vários mineradores que vinham de fora moravam próximos às datas. Alguns desses locais deram origem a pequenos povoados ou **arraiais**. Com o crescimento da atividade mineradora, um arraial podia ser transformado em **vila**. Quando a população de uma vila crescia devido à quantidade de ouro na região, a Coroa portuguesa enviava um representante para controlar a exploração do ouro e garantir a arrecadação dos impostos. Ao receber o representante do rei de Portugal, a vila era transformada em **cidade**.

OURO PRETO, ANTIGA VILA RICA

A cidade histórica de Ouro Preto teve origem no arraial do Padre Faria, fundado por volta de 1698 pelo bandeirante Antônio Dias de Oliveira e pelo padre João de Faria Fialho, entre outros.

Com o aumento da atividade mineradora, cresceu a população dos arraiais da região. Em 1711, o governador criou diversas vilas, entre elas a Vila Rica de Ouro Preto (onde hoje fica a cidade de Ouro Preto) e a Vila do Ribeirão do Carmo, atual cidade de Mariana.

Em 1720, Vila Rica tornou-se a capital da Capitania das Minas Gerais, alcançando grande crescimento e produção de riquezas. No século 19, passou a ser chamada de Ouro Preto.

Tombada pelo Instituto do Patrimônio Histórico e Artístico Nacional (Iphan) em 1938, foi a primeira cidade brasileira a receber o título de Patrimônio Cultural Mundial, conferido pela Unesco em 1981.

A antiga capital de Minas Gerais conservou grande parte de seus monumentos coloniais e até hoje atrai milhares de visitantes interessados em conhecer a história do período colonial.

Praça Tiradentes com Museu da Inconfidência (centro), construído entre 1785 e 1855. Centro histórico da cidade de Ouro Preto (MG). Foto de 2015.

Rubens Chaves/Pulsar Imagens

A maior parte dos que buscavam encontrar ouro se instalava em lugares próximos das minas. Mas havia também trabalhadores que viviam nas cidades, desempenhando diferentes atividades. Nas cidades ficavam os órgãos da administração colonial, as igrejas, as casas de comércio e as oficinas de carpinteiros, oleiros e ferreiros.

oleiros: trabalhadores que fabricam tijolos e peças de barro ou cerâmica.

ferreiros: trabalhadores que trabalham com ferro.

Observe a ilustração abaixo e conheça alguns dos grupos que viviam nas cidades coloniais da região das minas.

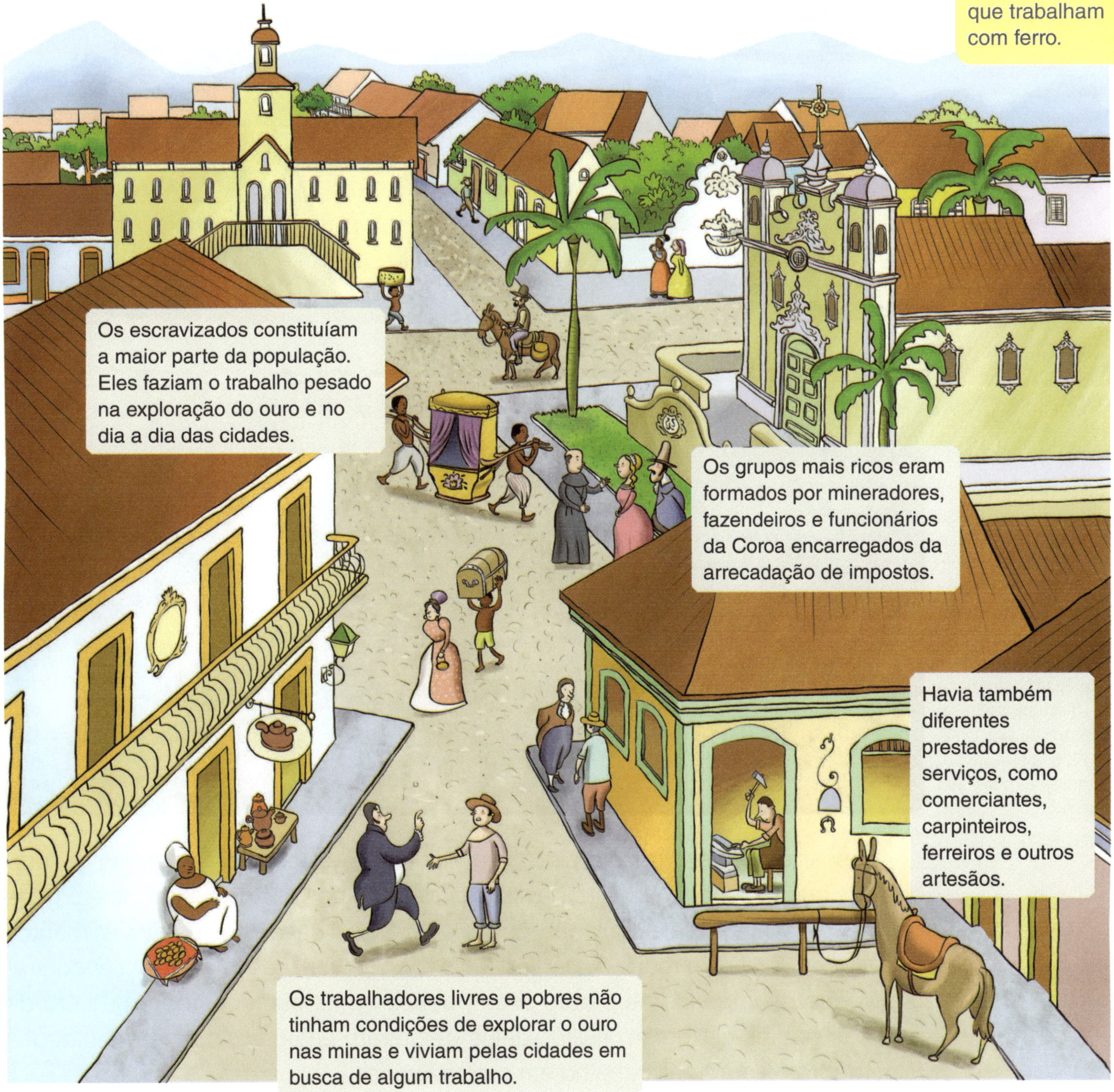

Evandro Luiz/Arquivo da editora

A VIDA SOCIAL

Em geral, as atividades sociais dos moradores das vilas e cidades estavam ligadas às festas e práticas religiosas. Mas as pessoas também se reuniam para assistir a espetáculos musicais e em alguns pontos da cidade, como os chafarizes.

Cadeirinhas de arruar, pintura de Carlos Julião, século 18. Carregadas por escravos, as cadeirinhas eram usadas principalmente pelas senhoras mais ricas.

Interior do Teatro Municipal de Ouro Preto (MG), em foto de 2013. Considerado o teatro mais antigo da América do Sul, a Casa da Ópera de Vila Rica, sua antiga denominação, foi construída em 1770. Nessa época, era iluminada por velas entre os camarotes.

Apesar da riqueza trazida pelo ouro, havia muita pobreza nas zonas mineradoras. Era o caso, além dos escravizados, de negros libertos, mestiços e alguns brancos. A maioria da população pobre e livre dedicava-se a plantar alimentos em pequenos sítios e roças. A partir de 1760, cada vez menos ouro era encontrado. Muitos garimpeiros perderam seus poucos bens, aumentando o número de pessoas pobres na região. Muitas delas decidiram então abandonar as cidades mineradoras e procurar trabalho em outros locais.

AS IRMANDADES E ORDENS TERCEIRAS

As irmandades e ordens terceiras eram associações religiosas que reuniam pessoas para realizar atividades em conjunto. Elas ajudavam os mais necessitados, promoviam festas religiosas e organizavam a construção de igrejas.

Havia irmandades separadas para negros e brancos. Em Vila Rica, por exemplo, havia a Ordem Terceira de São Francisco, da qual só participavam os brancos. Os negros e mulatos faziam parte da Ordem de Nossa Senhora do Rosário.

Douglas Cometti/Folhapress

Igreja de São Francisco de Assis, fundada por uma irmandade que reunia homens brancos e ricos de Vila Rica no século 18.

Rubens Chaves/Pulsar Imagens

Igreja de Nossa Senhora do Rosário, fundada pela Irmandade de Nossa Senhora do Rosário dos Homens Pretos em Vila Rica, no século 18.

barroco brasileiro: estilo próprio das produções artísticas e literárias do Brasil nos séculos 17, 18 e princípios do século 19. Em arquitetura e escultura, seu principal representante é o mineiro Antônio Francisco Lisboa, conhecido como Aleijadinho, c. 1730-1814.

ARTE E ARQUITETURA

A riqueza trazida pelo ouro permitiu que as pessoas ricas da região mineradora vivessem com luxo. Assim, arquitetos, construtores e pintores foram chamados para construir residências imponentes e, principalmente, igrejas.

No século 18, na região das minas, a maior parte das construções adotou o estilo conhecido como barroco brasileiro, característico pela exuberância de curvas e ornamentos entalhados em pedra ou madeira, muitas vezes recobertos com folhas de ouro.

Veja algumas características do barroco brasileiro nas imagens desta página.

Rubens Chaves/Pulsar Imagens

Capela-mor da Igreja Matriz de Nossa Senhora do Pilar em Ouro Preto (MG). Foto de 2015.

REVOLTAS COLONIAIS

No século 18 ocorreram revoluções e revoltas em vários lugares do mundo. Algumas delas foram organizadas por pessoas que lutavam para ter mais direitos e maior liberdade. É o caso da Revolução Francesa, que ocorreu na França a partir de 1789.

Pintura francesa do século 18 que retrata a Queda da Bastilha, em 14 de julho de 1789, durante a Revolução Francesa. Esse episódio tornou-se um símbolo da queda da monarquia francesa.

Mas qual é a relação dessas revoluções com a vida na colônia? A ideia de criar uma sociedade com mais justiça e liberdade! Essa ideia, que inspirou muitos revolucionários na Europa, se espalhou para várias partes do mundo. No Brasil, ela incentivou a luta contra o rígido controle exercido pela Coroa portuguesa.

A Coroa portuguesa procurava dominar e controlar todas as atividades comerciais na colônia. Os comerciantes portugueses possuíam o **monopólio comercial** da venda de tudo que era produzido. Você sabe o que significa monopólio comercial? É o privilégio de vender com exclusividade um certo produto. No caso do Brasil, somente os comerciantes portugueses ou aqueles autorizados pelo rei de Portugal podiam comprar os produtos da colônia (como o açúcar e o ouro) e vendê-los para a Europa. Com isso, Portugal obtinha muito lucro.

Os colonos, fazendeiros e comerciantes não podiam negociar diretamente com a Europa. Muitos estavam insatisfeitos e lutavam em favor da liberdade comercial.

IMPOSTOS E DERRAMA

O governo de Portugal cobrava muitos impostos sobre a retirada e o comércio do ouro de Minas Gerais. Porém, na segunda metade do século 18, a riqueza produzida pela extração de ouro e diamantes começou a diminuir. Apesar de encontrar menos ouro e diamantes, as pessoas continuavam pagando os mesmos impostos. Isso fez com que os colonos que moravam nas cidades mineradoras entrassem em conflito com a administração colonial.

Com a redução da produção das minas, o governo português resolveu estabelecer a quantidade mínima de ouro que deveria ser entregue à Coroa a cada ano. Se essa quantidade não fosse alcançada, o governo decretava a **derrama**, isto é, a cobrança do que faltava. Para obrigar os moradores de um arraial ou cidade a entregar a quantia, enviava seus cobradores e mandava cercar o lugar. Essa medida provocou revoltas e reduziu ainda mais os lucros dos mineradores.

OS INCONFIDENTES MINEIROS

Muitos proprietários de minas de ouro não estavam satisfeitos com os impostos cobrados pela Coroa portuguesa. Eles não eram os únicos. Vários profissionais liberais (advogados, juízes, padres, escritores e poetas) também estavam insatisfeitos com o rei de Portugal. Um grupo de descontentes se reuniu e tentou impedir que a Coroa cobrasse a derrama. Além de não pagar os altos impostos cobrados pelo governo português, o grupo queria também proclamar a independência de Minas Gerais em relação a Portugal.

A prisão de Tiradentes, óleo sobre tela de Antônio Parreiras, 1914.

Esse movimento de rebelião contra Portugal, organizado em 1789, foi chamado de **Conjuração** ou **Inconfidência Mineira**. Porém, o grupo foi denunciado. Seus participantes foram presos. Um deles, de nome Joaquim José da Silva Xavier, conhecido como Tiradentes, foi morto a mando da Coroa.

OS CONJURADOS BAIANOS

Na cidade de Salvador, Bahia, também ocorreu no final do século 18 uma revolta que ficou conhecida como **Conjuração Baiana** ou **Revolta dos Alfaiates**. Ela foi organizada por pessoas que estavam insatisfeitas com a escravidão, o governo e a falta de alimentos. O grupo de revoltosos reunia a população pobre da cidade. Ele era formado por ex-escravizados libertos, alfaiates, carpinteiros, soldados e algumas pessoas da camada mais rica. Os revoltosos queriam a independência da colônia e o fim da escravidão. Porém, seus planos foram descobertos pelo governo. Os líderes da revolta foram presos e alguns deles foram mortos.

ATIVIDADES

- Observe a imagem acima e responda às questões no caderno.

  a) Como o autor representou o momento da prisão de Tiradentes?

  b) Em que ano a pintura foi feita? Ela foi feita quanto tempo depois dos acontecimentos da Inconfidência Mineira?

ATIVIDADES DO CAPÍTULO

1. Em seu caderno, escreva as frases completando cada uma delas com uma das palavras dos quadrinhos a seguir.

aumentar/diminuir	satisfeitos/descontentes	contra/a favor
impostos/escravizados	portugueses/paulistas	datas/arraiais

a) A partir de 1760 começa a IIIIIIIIIIIII a extração de ouro na região de Minas Gerais.

b) A descoberta do ouro atraiu pessoas de diferentes partes da colônia, o que deixou os paulistas IIIIIIIIIIIII.

c) Os inconfidentes mineiros lutavam IIIIIIIIIIIII a cobrança de impostos e pela independência da capitania de Minas Gerais.

d) A Coroa portuguesa passou a cobrar IIIIIIIIIIIII pela extração do ouro.

e) Os IIIIIIIIIIIII descobriram ouro na região do rio das Velhas em 1693.

f) O desenvolvimento dos IIIIIIIIIIIII mineiros deu origem a vilas e cidades.

2. O que era o quinto? De que forma a Coroa portuguesa o cobrava? Responda no caderno.

3. Quais eram os principais grupos sociais que viviam nas cidades mineradoras? Em que eles trabalhavam? Responda no caderno.

4. Observe no mapa ao lado os caminhos que ligavam a região das minas aos portos do litoral.

O Caminho Velho foi a primeira via aberta pela Coroa entre os portos do litoral e a região mineradora (do porto de Parati até Vila Rica, atual Ouro Preto). O Caminho Novo foi aberto como alternativa mais rápida ao Caminho Velho, partindo da cidade do Rio de Janeiro e seguindo até Diamantina, passando por Vila Rica.

A Coroa portuguesa controlava o ouro extraído das minas e também outras mercadorias, como alimentos e roupas. Havia postos de fiscalização ao longo de toda a Estrada Real, nome dado a esses caminhos no período colonial. Quando foi aberto o Caminho Novo, a Coroa proibiu o transporte de mercadorias pelo Caminho Velho.

Ainda hoje é possível percorrer trechos da Estrada Real em alguns estados, principalmente Minas Gerais e Rio de Janeiro.

Estrada Real: os caminhos do ouro no período colonial

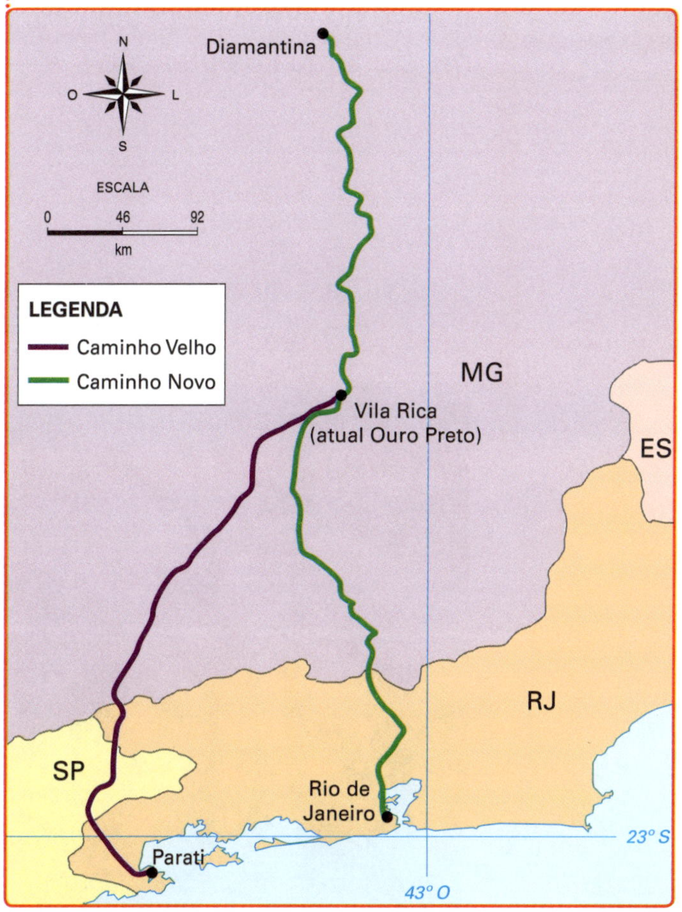

Allmaps/Arquivo da editora

Fonte: **Serviço Geográfico do Brasil**. Disponível em: <www.cprm.gov.br/estrada_real/mapa_estradareal.html>. Acesso em: 13 jun. 2013.

Responda às questões a seguir.

a) Qual era a função da Estrada Real?

____

____

____

____

b) Como a Coroa portuguesa controlava o que era transportado?

____

c) Qual era a diferença entre o Caminho Velho e o Caminho Novo?

____

____

ENTENDER O TEMPO HISTÓRICO

A imagem abaixo é uma gravura do pintor alemão Johann Moritz Rugendas, que esteve no Brasil no século 19. Examine-a com atenção. O que você observou? O que mais chama sua atenção?

Lavagem de ouro em Itacolomi, Minas Gerais, litogravura de Johann Moritz Rugendas, 1827.

- Observe a imagem da página ao lado e depois responda às questões.

1. Como é a paisagem reproduzida na gravura de Rugendas?

____

____

2. Que tipo de atividade fazem os personagens retratados?

____

____

3. Quem está trabalhando na retirada do ouro?

____

4. Alguém vigia esse trabalho? Se sim, quem?

____

5. Que instrumentos são usados na atividade?

____

6. Como era chamada essa atividade?

____

7. Como era chamado:

a) O ouro retirado dos rios? _______________

b) O ouro extraído das minas? _______________

8. O que acontecia nas casas de fundição?

____

____

9. Converse com os colegas e o professor sobre a importância da atividade mineradora para a ocupação do interior do Brasil.

LER E ENTENDER

Você sabe o que é uma biografia? Já leu alguma? De quem era? Você acha que o autor de uma biografia precisa se preparar para escrever o texto? De que modo?

Leia o texto abaixo, que é um trecho de uma biografia de Zumbi dos Palmares escrita pelo historiador Joel Rufino dos Santos.

> A criatura que chamamos Zumbi nasceu livre em qualquer ponto dos Palmares, em 1655. Talvez no começo do ano, quando a água nas cisternas é pesada e morna; talvez no meio ou mesmo no fim, quando o chão está coberto de buritis podres.
>
> Um dia talvez saibamos mais sobre ele do que sabemos hoje. Milhares de documentos amarelos, difíceis de ler, guardam a história do preto pequeno e magro que venceu mais batalhas do que todos os generais juntos da história brasileira. Esses papéis estão arquivados em Sevilha (Espanha), em Évora (Portugal), na Torre do Tombo (Lisboa), Recife e Maceió, aguardando estudos pacientes.
>
> De onde eram seus pais: do Congo, de Mombaça, do Daomé, do país Ashanti, da terra dos jagas (Angola)? Teria mulheres, tios, primos? Se sabe que era sobrinho adotivo de Ganga Zumba e conta a tradição, maliciosa, que uma de suas esposas era clara. [...]
>
> Tudo começou com um Brás da Rocha que atacou Palmares em 1655 e carregou, entre presas adultas, um recém-nascido. Brás o entregou, honestamente, como era do contrato, ao chefe de uma coluna, e este decidiu fazer um presente ao cura de Porto Calvo, Padre Melo. Melo achou que devia chamá-lo *Francisco*. [...]
>
> Numa noite de 1670, ao completar quinze anos, Francisco fugiu. [...]
>
> **Zumbi**, de Joel Rufino dos Santos. São Paulo: Global, 2006. p. 32-33.

Neste livro você vai conhecer a biografia do líder negro Zumbi e saber mais sobre a criação, a resistência e a destruição do Quilombo dos Palmares.

O livro foi escrito por Joel Rufino dos Santos (1941-2015), historiador, professor, escritor brasileiro e um dos principais estudiosos da cultura africana no Brasil.

ANALISE

1. Sobre a escrita da biografia:

a) O biógrafo demonstra saber tudo sobre a vida do biografado? Justifique sua resposta com exemplos do texto.

____

b) O que o autor sugere que se faça para conhecer melhor a vida do biografado?

____

2. Para que serve esse texto?

____

3. Quem é o biografado, onde e quando nasceu?

____

4. Qual é a principal característica de Zumbi destacada na biografia?

____

5. Releia: "[...] nasceu livre [...]". Por que essa informação é importante?

____

RELACIONE

6. Em que estado se localiza a região de Palmares, local de nascimento de Zumbi?

____

7. Que ligação há entre Zumbi, a região de Palmares e o período de escravidão no Brasil?

____

8. Atualmente, em que dia é lembrada a luta de Zumbi pela liberdade?

____

O QUE APRENDI?

Bridgeman/Keystone

1. Retome as questões que foram apresentadas na abertura desta Unidade. Discuta com os colegas e o professor e comente como você responderia a elas agora.

- Que aspectos da história do Brasil colonial você identifica na imagem?

2. Reveja as imagens e os textos do Capítulo 8, que tratam da vida e do trabalho nos engenhos durante o período colonial.

   a) Em uma folha avulsa (ou mais de uma), crie uma história em quadrinhos explicando o funcionamento e o dia a dia nos engenhos.

   b) Em seguida, com a ajuda do professor, organizem uma exposição das HQs feitas pela classe. Elas podem ser expostas no mural da sala ou em um dos corredores da escola.

   c) No final, as HQs podem ser guardadas em uma pasta para servir de material de consulta sobre esse estudo.

3. No Capítulo 9 estudamos a vida e o trabalho nas minas. Para ampliar esses conhecimentos, vamos fazer o seguinte:

a) O professor vai dividir a turma em grupos.

b) Cada grupo vai escolher um dos temas abaixo e escrever um pequeno texto explicativo. Em seguida, cada grupo vai ler seu texto para o restante da sala.

- As cidades mineradoras
- O trabalho nas minas
- As revoltas coloniais
- Arte e arquitetura na época da mineração

4. Na seção *Ler e entender* desta Unidade você leu um trecho de uma biografia de Zumbi dos Palmares escrita por Joel Rufino dos Santos.

a) Agora você vai fazer uma pesquisa para descobrir mais sobre a vida e a obra desse autor. Consulte outros livros ou a internet. Se possível, procure também imagens.

b) Organize os dados que você coletou e escreva no caderno uma pequena biografia de Joel Rufino dos Santos, com os principais dados sobre a vida e a obra desse autor e estudioso da cultura afro-brasileira.

5. Agora você vai relembrar tudo o que estudou nesta Unidade. Folheie devagar as páginas do livro, observando novamente os textos e as imagens para avaliar o que acha que aprendeu bem, o que ainda deixou dúvidas e o que precisa ser revisto. Registre no caderno sua autoavaliação em relação a cada tema. Depois, converse com os colegas e o professor para identificar o que cada um precisa melhorar.

Temas estudados:

- O processo de escravização dos africanos no Brasil
- A organização do engenho, o trabalho escravo e a economia do açúcar
- A mineração e as revoltas coloniais

UNIDADE 4

O BRASIL INDEPENDENTE

Largo de São Francisco de Paula, na cidade do Rio de Janeiro (RJ). Fotografia de Marc Ferrez, c. 1895.

Marc Ferrez/Instituto Moreira Salles

- Em que ano esta fotografia foi feita?
- O que podemos saber sobre a cidade do Rio de Janeiro apenas observando esta foto?

CAPÍTULO 10

UM PRÍNCIPE NO BRASIL

A CHEGADA DA FAMÍLIA REAL

Você já viu que durante o período colonial o Brasil foi administrado pela Coroa portuguesa, ou seja pelo rei ou pela rainha de Portugal. Porém, de 1500 até 1808 nenhum rei ou rainha de Portugal esteve no Brasil.

Isso ocorreu pela primeira vez no início do século 19. Naquela época, a França estava em guerra com quase todos os países da Europa, entre eles Portugal. O príncipe regente, dom João, governava no lugar de sua mãe, a rainha dona Maria, que estava doente. Em 1808, para evitar ser preso pelo exército francês, dom João decidiu transferir toda a Corte portuguesa para o Rio de Janeiro, que na época era a capital do Brasil.

Leia o texto a seguir.

príncipe regente: o príncipe que governa; que dirige a nação.

torrencialmente: com intensidade; bastante.

víveres: mantimentos; comidas.

> [...] Lisboa vinha sendo castigada por um forte vento sul; chovia torrencialmente e as ruas e caminhos se transformaram em passarelas de lama, dificultando as idas e vindas até o cais de Belém. E não era tarefa simples reunir, distribuir e embarcar os ilustres viajantes, dividir os marinheiros e oficiais da Marinha e ainda abastecer os porões dos navios com uma quantidade suficiente de víveres e água potável.
>
> O dia em que Portugal fugiu para o Brasil, de Lilia Moritz Schwarcz. **Revista de História da Biblioteca Nacional**, 21 set. 2007. Disponível em: <www.revistadehistoria.com.br/secao/capa/o-dia-em-que-portugal-fugiu-para-o-brasil>. Acesso em: jan. 2016.

Embarque de dom João VI para o Brasil, óleo sobre tela, anônimo, século 19.

O exército francês invadiu Lisboa, a capital de Portugal, justamente quando os navios que levavam a família real e a Corte saíam do porto em direção ao Brasil. Os portugueses que ficaram procuraram resistir à invasão com a ajuda dos ingleses.

A primeira parada dos navios que transportavam a família real e a Corte portuguesa foi na cidade de Salvador, na Capitania da Bahia de Todos-os-Santos. Quatro dias após a chegada, dom João assinou um documento autorizando a "abertura dos portos às nações amigas". Esse documento autorizou o livre-comércio entre o Brasil e as nações amigas de Portugal.

Após a assinatura do documento, os produtos agrícolas do Brasil, como o café e o açúcar, passaram a ser vendidos diretamente para os comerciantes de outras nações. Os comerciantes, por sua vez, podiam vender os produtos de seus países diretamente no Brasil. Isso possibilitou a redução dos preços de vários produtos e o aumento do número de consumidores.

A nação que mais se beneficiou com a abertura dos portos foi a Inglaterra, que era aliada de Portugal. Os comerciantes ingleses vendiam no Brasil principalmente tecidos de algodão.

De Salvador, dom João e sua Corte seguiram para a cidade do Rio de Janeiro. Para acomodar todas essas pessoas, dom João determinou que os moradores de casas escolhidas pela Coroa deveriam cedê-las para os portugueses que estavam chegando. As casas foram marcadas com as letras **P** e **R**, que queriam dizer "príncipe regente". Os moradores, entretanto, diziam que as letras significavam "**p**onha-se na **r**ua"...

Chegada de D. João VI à Igreja do Rosário (detalhe), óleo sobre tela de Armando Martins Viana, 1937. No dia 8 de março de 1808 dom João e sua Corte desembarcaram no porto do Rio de Janeiro. A família real, acompanhada de sua comitiva, seguiu pelas ruas da cidade até a Igreja do Rosário, então catedral da Sé, onde foi celebrada uma missa.

NOVIDADES NO BRASIL

O principal objetivo de Portugal era lucrar com os produtos da colônia, explorando o pau-brasil, a cana-de-açúcar e o ouro. Por isso, a Coroa havia investido na economia, mas não no desenvolvimento de outros setores. O aqueduto construído no século 18 no Rio de Janeiro foi uma das poucas obras de grande porte realizadas antes da chegada da Corte. Observe a imagem abaixo.

Além de membros da Corte, os navios portugueses transportaram o Tesouro Geral (as riquezas do rei), os arquivos do governo e outros documentos importantes até a cidade do Rio de Janeiro. A cidade, apesar de ser a capital, sofria com falta de saneamento básico. Lixo, urina e fezes dos moradores eram lançados no mar, o que causava doenças na população e provocava mau cheiro na cidade.

Com a chegada da Corte, foram necessárias reformas para modernizar o Brasil, principalmente a cidade do Rio de Janeiro. Para isso, dom João tomou várias medidas.

Vista da colina Mata-Cavalos, em direção ao aqueduto do Rio de Janeiro, aquarela de Thomas Ender, 1823.

Antes da vinda da corte, era proibido publicar livros e jornais no Brasil. Em 1808, foi fundada a Impressão Régia, responsável por publicar o primeiro jornal da colônia, a **Gazeta do Rio de Janeiro**. Com a chegada da corte, milhares de livros foram trazidos de Portugal. Para abrigá-los, foi organizada na cidade do Rio de Janeiro a **Biblioteca Nacional**. Dom João também autorizou a criação de indústrias. A **Real Fábrica de Ferro de São João de Ipanema**, em Sorocaba (no atual estado de São Paulo), foi uma das primeiras a produzir ferro para construções, além de objetos como as panelas feitas do mesmo material.

Com a abertura dos portos, os navios ingleses começaram a trazer mercadorias de luxo que até aquela época não havia na colônia.

> Os primeiros produtos a invadir o Brasil vieram da Inglaterra. [...] Eram vendidos chapéus, plumas, xales, lenços, luvas, relógios [...]. Os anúncios desses comerciantes procuravam atrair os clientes afirmando serem produtos "de último gosto", "de última moda" ou "de gosto mais moderno".
>
> O domínio das roupas, de Camila Borges da Silva. **Revista de História**, 6 jul. 2011. Disponível em: <www.revistadehistoria.com.br>. Acesso em: 21 maio 2013.

A chegada da Corte contribuiu para o rápido crescimento da cidade do Rio de Janeiro. Durante os treze anos em que dom João viveu no Brasil, o número de habitantes da capital dobrou, chegando a 100 mil. Para abrigar esses habitantes, foram construídas muitas casas novas. Foram também escavadas valas nas ruas, para recolher as águas da chuva e o esgoto das moradias.

A convite de dom João, vários artistas franceses vieram para o Brasil com a missão de criar uma escola no Rio de Janeiro. Esse grupo ficou conhecido como **Missão Artística Francesa**.

Biblioteca Nacional, Rio de Janeiro, RJ

Os refrescos no largo do Paço, depois do jantar, litografia de Jean-Baptiste Debret, século 19. O artista, um dos integrantes da Missão Artística Francesa, publicou um livro com centenas de desenhos que retratam paisagens, cenas e costumes do Brasil nas primeiras décadas do século 19.

O RIO DE JANEIRO ONTEM E HOJE

Vimos que dom João fez vários melhoramentos na colônia, principalmente na cidade do Rio de Janeiro, onde se instalou com a Corte. Muitas realizações daquela época ainda podem ser vistas na cidade. Um exemplo é o Jardim Botânico.

Plantação chinesa de chá (dentro do Jardim Botânico do Rio de Janeiro), litografia colorida à mão de Johann Moritz Rugendas, c. 1835.

Reprodução/Biblioteca Nacional, Rio de Janeiro, RJ.

Fundado por dom João em 1808, o jardim recebeu o nome de Real Horto e tinha como principal função aclimatar plantas de outras regiões do mundo. Um exemplo é o chá, originário da China e aclimatado ao território brasileiro. Veja a imagem ao lado.

Em 2012, a cidade do Rio de Janeiro recebeu da Unesco o título de Patrimônio Mundial da Humanidade na categoria Paisagem Cultural Urbana. Esse título foi concedido tanto pelas construções históricas como pela beleza natural da cidade. No Jardim Botânico podemos encontrar esses dois aspectos. Observe as imagens.

aclimatar: criar condições para que um ser vivo (no caso, as plantas) possa se adaptar ao clima, à temperatura e ao solo de um local diferente de seu lugar de origem.

Unesco: sigla da Organização das Nações Unidas para a Educação, a Ciência e a Cultura.

Roberto Rosa/Tyba

Chafariz das musas no Jardim Botânico do Rio de Janeiro. Foto de 2014.

Vitor Marigo/Opção Brasil Imagens

Palmeiras-imperiais no Jardim Botânico do Rio de Janeiro. Foto de 2015.

Muito mais do que um jardim, hoje o Instituto de Pesquisas Jardim Botânico do Rio de Janeiro – nome que recebeu em 1995, é um órgão federal vinculado ao Ministério do Meio Ambiente e um dos mais importantes centros de pesquisa do mundo nas áreas de botânica e conservação da biodiversidade. Veja nas fotos outros aspectos do Jardim Botânico.

Halley Pacheco de Oliveira/Wikimedia Commons

O Aqueduto da Levada, construído em 1853, traz água do rio dos Macacos para diversas áreas do Jardim Botânico.

Renata Mello/Tyba

Portal da Real Academia de Belas Artes, transferido para o Jardim Botânico nos anos 1940.

A história da **Biblioteca Nacional** também começa com a chegada de dom João e sua corte ao Rio de Janeiro. Com a comitiva desembarcaram cerca de 60 mil peças, entre livros, manuscritos, mapas, estampas, moedas e medalhas da Biblioteca Real. Esse acervo ficou guardado em um hospital mantido por religiosos na cidade do Rio de Janeiro.

Em 1905 foi lançada a pedra fundamental do atual prédio da Biblioteca Nacional, localizado na Avenida Central, hoje Avenida Rio Branco. O prédio foi inaugurado em 1910. Observe as imagens abaixo.

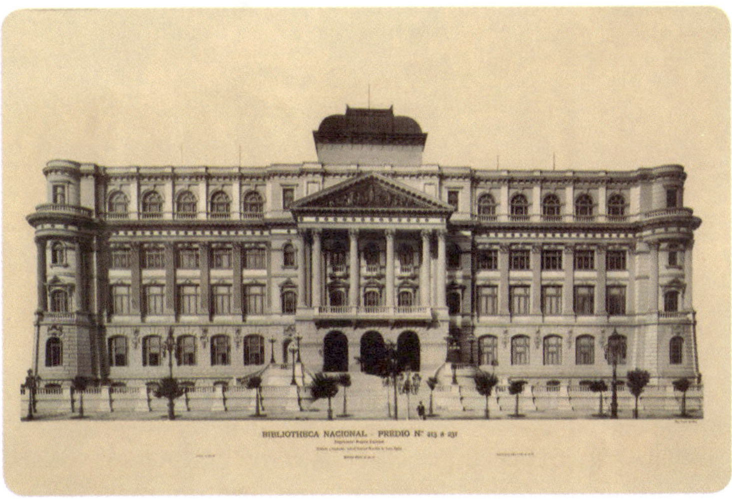

Marc Ferrez/Biblioteca Nacional, Rio de Janeiro, RJ.

Desenho (projeto) da Biblioteca Nacional, século 19.

Alexandre Macieira/Tyba

Fachada da Biblioteca Nacional, no centro do Rio de Janeiro (RJ). Foto de 2012.

ESCRAVOS DE GANHO NO RIO DE JANEIRO DO SÉCULO 19

No texto abaixo, o historiador Luiz Felipe de Alencastro descreve diferentes tarefas dos escravizados e explica como eles se relacionavam com seus senhores e patrões.

> Podia ser um carregador, um vendedor ambulante, um barbeiro praticando suas habilidades nas ruas em troca de uma remuneração que seria entregue no final do dia ao seu senhor […]. Mas também, na condição de escravo de aluguel, o escravo apresentava-se como um empregado, um artesão ("escravo de ofício") que trabalhava regularmente para um patrão, o qual pagava um salário ao proprietário do escravo […].
>
> "A pena e o pincel", de Luiz Felipe de Alencastro, em: **Rio de Janeiro, cidade mestiça**, organização de Patrick Straumann. São Paulo: Companhia das Letras, 2012.

Agora, observe como o francês Jean-Baptiste Debret representou algumas atividades desempenhadas por escravizados africanos e brasileiros. Em 1849 eles constituíam mais da metade da população do Rio de Janeiro. Debret registrou suas impressões sobre cada cena. Algumas dessas informações estão nas legendas.

Nessa prancha, Debret retratou dois grupos de africanos: **Negros vendedores de carvão** e **Vendedoras de milho**. Em seu comentário, Debret informa que a barcaça, atracada na praia, pertence ao proprietário do carvão, que aguarda a venda de sua mercadoria na cidade. Note que um dos escravos sai para a cidade carregando cestos cheios de carvão, enquanto o outro retorna com cestos vazios para buscar nova carga. À direita da gravura, uma africana traz na cabeça uma trouxa com milho colhido nas roças das redondezas enquanto outra mulher assa espigas em um braseiro. Repare também na menina que carrega um bebê ao mesmo tempo que saboreia uma espiga de milho assado.

Sobre a gravura **Negros vendedores de aves**, Debret comenta "a necessidade de alimentar, no Rio de Janeiro, uma população que dobrou em oito anos", o que acarreta "um enorme consumo de aves, que mantém constante importação desse produto [...] desde as províncias distantes de São Paulo e Minas". O artista informa que "é preferível escolher as [aves] que são enviadas pelos proprietários dos arredores, porque, sempre fechadas em grandes cestos redondos com tampas trançadas [...] chegam frescas ao mercado antes do nascer do sol. Quanto às aves criadas nos subúrbios da cidade, são simplesmente amarradas pelas patas e presas em feixes de três ou quatro, que o negro vendedor carrega à mão [...]".

Sobre a gravura **Negros vendedores de capim e de leite**, Debret afirma que toda manhã o senhor indica a seu escravo a quantidade de leite que lhe é entregue e o produto da venda que exige dele. Observe a caneca, que serve para medir o leite, nas mãos da africana.

Sobre o vendedor de capim, Debret nada comenta. Você imagina para que serviria esse capim? Repare o que foi representado ao fundo da cena.

1. Depois de ler os textos e observar as imagens, converse com o professor e os colegas. Procurem discutir:

   a) O que vocês acharam mais interessante? Por quê?

   b) Comparem as atividades dos escravizados na cidade com o trabalho dos escravizados nos engenhos e na região das minas. Há semelhanças? Há diferenças? Expliquem suas respostas.

   c) E as relações de trabalho entre proprietários e escravizados? São semelhantes àquelas observadas nos engenhos e nas regiões mineradoras? Comentem e justifiquem suas respostas.

2. Após a discussão, formem grupos para escrever um pequeno texto resumindo as conclusões da turma a respeito desses temas.

ATIVIDADES DO CAPÍTULO

1. Complete a frase a seguir com as palavras do quadro abaixo.

corte portuguesa • príncipe regente • capital • França

Para evitar que a família real fosse capturada pelo exército da ____________,

o ____________, dom João, decidiu transferir toda a

____________ para a cidade do Rio de Janeiro, que na

época era a ____________ do Brasil.

2. Releia o texto do boxe da página 121. Em seguida, responda: como os comerciantes procuravam atrair a atenção dos compradores para as novidades trazidas da Europa?

____

____

3. Leia a seguir como John Mawe, um viajante do século 19, descreveu a cidade do Rio de Janeiro, que visitou entre 1809 e 1810.

> Protegidas do vento e das tempestades pelas montanhas, as águas calmas da baía de Guanabara serviam como abrigo ideal para reparo das embarcações e reabastecimento de água potável, charque, açúcar, cachaça, tabaco e lenha. "Nenhum porto colonial do mundo está tão bem localizado para o comércio geral quanto o do Rio de Janeiro", ponderou o viajante John Mawe.
>
> **1808: Como uma rainha louca, um príncipe medroso e uma corte corrupta enganaram Napoleão e mudaram a história de Portugal e do Brasil**, de Laurentino Gomes. São Paulo: Planeta do Brasil, 2007. p. 152.

- Por que o Rio de Janeiro era um abrigo ideal para as embarcações? Além de reabastecer, o que mais era feito nas embarcações?

____

____

____

4. A chegada da família real foi importante para os moradores da colônia? Reveja a imagem da página 119. Depois, leia abaixo o texto do historiador Nicolau Sevcenko sobre a reação das pessoas no momento da chegada dos navios.

> A entrada da frota imperial na baía do Rio de Janeiro se deu em meio a um festival espetacular, com toda a gente da cidade tomada de uma euforia misteriosa e contagiante.
>
> **Pindorama revisitada**, de Nicolau Sevcenko. São Paulo: Peirópolis, 2000. p. 56.

frota: conjunto de navios.

- Com base na imagem e no texto, desenhe em uma folha avulsa como você imagina a chegada da família real ao Rio de Janeiro. Depois, mostre seu trabalho em classe e converse com o professor e os colegas sobre os desenhos da turma.

5. Jean-Baptiste Debret, um dos artistas franceses que chegaram ao Brasil em 1816, retratou as paisagens e os costumes locais, assim como cerimônias e personagens da realeza. Observe a imagem e depois responda às questões no caderno.

   a) Observando o retrato que Debret fez de dom João VI, que detalhes chamam mais a sua atenção?

   b) Na sua opinião, que características da realeza o pintor procurou reforçar?

Retrato de D. João VI, óleo sobre tela de Jean-Baptiste Debret, 1768-1848.

CAPÍTULO 11

A INDEPENDÊNCIA DO BRASIL

O PROCESSO DE INDEPENDÊNCIA

Em 1815, dom João formou o Reino Unido de Portugal, Brasil e Algarves. Ou seja, o Brasil deixou de ser colônia e tornou-se um reino. Após essa mudança, alguns brasileiros passaram a participar das decisões da Coroa e a opinar, por exemplo, na criação de impostos.

Com a morte de dona Maria, rainha de Portugal, em 1816, dom João tornou-se dom João VI, rei de Portugal. Mas nem todos estavam satisfeitos com a presença do rei no Brasil. Para a atual região Nordeste, por exemplo, a vinda da família real não trouxe mudanças, pois seus moradores continuaram a pagar altos impostos.

Essa foi uma das razões pelas quais, em 1817, um grupo de pessoas poderosas e parte da população de Pernambuco se organizaram na chamada **Revolução Pernambucana**. Os revoltosos queriam tornar a região independente de Portugal. Após três meses de luta, os revolucionários foram derrotados, e os principais líderes, condenados à morte e executados.

Em Portugal também havia muita insatisfação. Mesmo com a derrota da França em 1815, a família real não havia retornado à Europa. Com isso, em 1820, começou a Revolução do Porto, que exigia a volta imediata do rei. Se ele não retornasse, o trono seria ocupado por outra pessoa. Dom João VI acabou partindo para Lisboa, mas deixou na cidade do Rio de Janeiro seu filho, Pedro, como príncipe regente do Brasil.

Benção da bandeira de Pernambuco na Revolução de 1817, pintura de Antônio Parreiras (1860-1937). O artista retratou a benção e o hasteamento da bandeira dos rebeldes republicanos na praça do Erário, atual praça da República, no Recife, em 3 de abril de 1817. O símbolo da revolução tornou-se a bandeira oficial do estado de Pernambuco.

Ao voltar para Portugal, o rei cancelou algumas medidas que havia adotado quando estava no Brasil. Os grupos dominantes da sociedade brasileira — grandes proprietários, alguns militares, membros da Igreja — temiam perder seus privilégios e, a fim de impedir que o Brasil voltasse a ser uma colônia, aliaram-se a dom Pedro.

Os portugueses, porém, também exigiam a volta do príncipe regente. Pressionado, em 1822 dom Pedro declarou a independência do Brasil e se tornou imperador com o nome de Pedro I. Um dos motivos para esse ato foi o temor de que revoltas armadas fizessem do Brasil uma república independente, como havia ocorrido em vários países do continente americano. Assim, ao declarar a independência, o governo de Portugal tentou manter o controle sobre o Brasil.

Maria Quitéria de Jesus Medeiros, óleo sobre tela de Domenico Failutti, 1920. Entre os brasileiros que participaram dos combates contra os portugueses na Bahia havia também mulheres. A imagem mostra Maria Quitéria de Jesus Medeiros, baiana nascida em Feira de Santana, que se destacou como combatente.

Nem todas as regiões do Brasil se declararam independentes em 1822. Em alguns lugares, os políticos defendiam maior autonomia em relação a Portugal. Na Bahia, tropas portuguesas ocuparam Salvador. Foram combatidas por forças que defendiam a autonomia. As lutas se prolongaram até 2 de julho de 1823, quando os portugueses finalmente se renderam. Por isso, na Bahia, é em 2 de julho que se comemora a independência.

Leia o texto a seguir, sobre outras províncias que demoraram a se integrar ao Império brasileiro.

> [...] a aclamação de Pedro I como imperador, em 12 de outubro de 1822, não significou a unidade política do novo Império [...]. Por causa das dificuldades de comunicação, Goiás e Mato Grosso só prestaram juramento de fidelidade ao Império em janeiro de 1823. Enquanto isso, Pará, Maranhão, Piauí e Ceará, além de parte da Bahia e da província Cisplatina, permaneceram leais a Portugal.
>
> Nem as margens ouviram: O Grito do Ipiranga não teve qualquer repercussão na época, de Lucia Bastos. **Revista de História**, 16 set. 2009.

províncias: unidades administrativas do Brasil durante o Segundo Reinado, correspondentes aos atuais estados.

Império: monarquia cujo soberano tem o título de imperador ou imperatriz.

ATIVIDADES

- Por que apenas em 1823 Goiás e Mato Grosso prestaram juramento de fidelidade ao Império?

____

____

Veja no seu **Miniatlas** o mapa da página 15.

O REINADO DE DOM PEDRO I

Após a independência, a participação dos brasileiros nas questões políticas aumentou, o que contribuiu para o crescimento do número de livros e jornais publicados no país. A cidade do Rio de Janeiro, que havia se tornado muito importante durante a estada da família real, desenvolveu-se mais ainda como sede do Império. Cada vez mais chegavam produtos importados, vindos principalmente da França e da Inglaterra. Por outro lado, apesar da independência, o tráfico de africanos escravizados continuou.

Constituição: conjunto de leis que organizam as relações entre os cidadãos e seus governantes. Geralmente, é criada e votada por uma assembleia de representantes do povo.

constituintes: os representantes das províncias reunidos em assembleia para elaborar a Constituição.

Para elaborar a primeira Constituição do Brasil independente, o governo convocou os representantes das diferentes províncias. Em agosto de 1823, eles se reuniram em assembleia no Rio de Janeiro.

Houve muitas discussões entre os constituintes. Que forma de governo adotar? Monarquia ou República? Com o poder centralizado ou com a autonomia das províncias e a limitação dos poderes do governante?

Após muito debate, foi elaborado um projeto de constituição que estabelecia a Monarquia como forma de governo e limitava os poderes do imperador. Em desacordo com os constituintes, dom Pedro I fechou a assembleia em novembro de 1823 e, em março de 1824, apresentou ao país uma nova Constituição, que garantia amplos poderes para o imperador e em momento algum se referia à existência da escravidão.

Essa e outras atitudes autoritárias começaram a enfraquecer a imagem do imperador diante da população, causando muito descontentamento.

Biblioteca Nacional, Rio de Janeiro, RJ.

Cerimônia de coroação de dom Pedro I, representada por Jean-Baptiste Debret, século 19. A imagem retrata o imperador acima de todos os outros, destacado como chefe de todos os brasileiros.

Algumas lideranças pernambucanas declararam, em julho de 1824, a **Confederação do Equador**, e seus participantes tentaram formar uma república independente do restante do Brasil. Rio Grande do Norte, Ceará e Paraíba também participaram, mas o governo reagiu com violência e prendeu os principais líderes, condenando nove deles à morte.

Outro conflito enfrentado pelo governo de dom Pedro I se deu na **Província Cisplatina**, atual Uruguai. No tempo em que esteve no Brasil, dom João VI incluiu a província entre as terras brasileiras. Porém, a Cisplatina declarou guerra ao Império e tornou-se independente em 1828. A derrota nessa guerra prejudicou ainda mais a imagem do imperador.

Em 1826, ao saber que dom João VI havia morrido, o herdeiro da Coroa, dom Pedro I, renunciou ao trono português em favor da filha Maria da Glória. Porém, dom Miguel, irmão mais novo de dom Pedro, proclamou-se rei de Portugal em 1828.

Decidido a garantir o trono para a filha, dom Pedro I passou a ocupar-se mais com as questões de Portugal, o que aumentou a insatisfação dos brasileiros.

Coleção particular, Recife

A execução de frei Caneca em representação do pintor Murilo la Greca, século 20. Nascido no Recife, em 1799, Joaquim do Amor Divino vinha de uma família humilde. Quando garoto, vendia canecas nas ruas do Recife. Por isso, tinha o apelido de "Caneca". Participante da Revolução Pernambucana e da Confederação do Equador, foi condenado à morte em 1825.

Em 1831, sem a confiança do povo, dom Pedro I foi praticamente obrigado a abdicar do trono brasileiro, deixando em seu lugar seu filho, Pedro de Alcântara, naquela época com 5 anos de idade. Dom Pedro I foi para Portugal com a filha e a segunda mulher, sustentando os direitos da filha à Coroa de Portugal.

MONARQUIA X REPÚBLICA

Você sabe quais são as diferenças entre **Monarquia** e **República**?

A Monarquia é uma forma de governo em que o chefe de Estado é o rei ou a rainha. Na Monarquia, o poder é vitalício e hereditário. É vitalício porque o monarca fica no poder a vida toda e hereditário porque o poder é passado de pai (ou mãe) para filho (ou filha). Quando a Monarquia é chamada de "absolutista", como era o caso do reinado de dom João VI, o povo praticamente não participa do governo, pois o rei (ou a rainha) tem um poder absoluto, isto é, sem limites.

A República é uma forma de governo em que o chefe de Estado é eleito pelo povo. No Brasil, vivemos hoje em uma República na qual o presidente da República é eleito para governar por um período de quatro anos. Se for reeleito, governa por mais quatro anos. Esse período é chamado de **mandato**.

abdicar: abrir mão; abandonar.

ATIVIDADES DO CAPÍTULO

1. Leia a reportagem a seguir, que trata de um lugar importante para a história de Pernambuco e do Brasil. Depois, observe a imagem e responda às questões.

Sítio histórico abandonado em Itamaracá

Um espaço de importante registro para a história de Pernambuco encontra-se abandonado na ilha de Itamaracá, no litoral norte de Pernambuco. Uma casa que serviu de moradia para o padre Tenório, participante da Revolução Pernambucana de 1817, localizada no Sítio dos Chacon, entre Vila Velha e o Forte Orange, está apenas com as paredes erguidas. O teto ruiu e a cor da casa, que nunca passou por manutenção, não pode mais ser vista por causa do lodo e das plantas que tomam conta da fachada. [...]

"O local poderia ser um museu que retratasse essa importante parte da história de Pernambuco", sugere o professor de História Fernando Melo [...].

Disponível em: <http://defender.org.br/noticias/nacional/pe-sitio-historico-abandonado-em-itamaraca/?print=print>. Acesso em: jan. 2016.

Fernando Melo/Acervo do fotógrafo

Casa que foi moradia do padre Tenório, participante da Revolução Pernambucana de 1817.

a) Que local é descrito na reportagem?

____

____

b) Qual era o objetivo e quais foram as causas da Revolução Pernambucana?

____

____

2. Leia o texto a seguir e depois, com base nele e nas informações do capítulo, responda às questões.

> Desde 1824, o Dois de Julho é comemorado em Salvador – ano após ano, poucos se importavam com o Sete de Setembro, mas milhares iam às ruas para comemorar "o sempre memorável dia 2 de julho". [...] Havia muito o que comemorar em 1824. A guerra de 1822 a 1823 fora longa e cruenta. [...] Não se sabe quantos morreram, mas, para muitos baianos, a independência foi uma conquista de que eles participaram pessoalmente.
>
> Independência baiana, de Hendrik Kraay. **Revista Nossa História**, jul. 2005.

a) Por que a comemoração de Dois de Julho é mais importante na Bahia do que a de Sete de Setembro?

____

____

____

____

b) Em seu texto, o historiador Hendrik Kraay afirma que, "para muitos baianos, a independência foi uma conquista de que eles participaram pessoalmente". Explique essa afirmação.

____

____

____

c) A Proclamação da Independência ocorreu na província de São Paulo. De acordo com as informações que você tem, a população da província teve participação direta nesse evento?

____

____

____

CAPÍTULO

12 O HERDEIRO DO TRONO É UMA CRIANÇA

A EDUCAÇÃO DO FUTURO IMPERADOR

Quando dom Pedro I abdicou, seu filho tinha 5 anos e, por isso, não podia assumir o trono. Você imagina uma criança governar um país? Isso é possível?

- Converse com seus colegas a esse respeito.

Museu Imperial, Petrópolis, RJ.

O menino Pedro de Alcântara, filho de dom Pedro I. Desenho de Armand Julien Pallière, c. 1830.

Durante a infância e adolescência de Pedro de Alcântara, o Brasil foi governado por regentes, escolhidos para administrar o país até que o herdeiro do trono tivesse 18 anos de idade. Essa fase é chamada **Período Regencial**.

Durante o Período Regencial, dom Pedro foi preparado por uma equipe de professores responsáveis pelo ensino das disciplinas e tarefas necessárias para governar uma nação.

Leia o texto a seguir, no qual o historiador Heitor Lyra (1893-1973) descreve o que os professores ensinavam a dom Pedro.

> [...] Ciências Físicas e Naturais, Literatura, Religião; um pouco de Música, de Desenho, de Dança; Geografia e História; as Matemáticas elementares. E as línguas: Português, bem entendido, Francês, Inglês e Alemão; e o Latim e o Grego [...].
>
> **História de Dom Pedro II: 1825 a 1891**, de Heitor Lyra. São Paulo: Edusp, 1977. p. 46.

Dom Pedro era muito estudioso e, mais tarde, mostraria seus conhecimentos em todas essas áreas.

No período em que o jovem Pedro se preparava para ser imperador do Brasil, a forma de organização da regência variou. Em 1831, quando seu pai abandonou o trono, foram eleitos três regentes para administrar o Brasil. O país passou a ser governado, então, por uma **Regência Trina**. A partir de 1835, o Brasil foi governado por apenas um regente, período chamado de **Regência Una**, que terminou em 1840, quando Pedro de Alcântara assumiu o governo como dom Pedro II.

Museu Imperial de Petrópolis, Rio de Janeiro/Acervo Iconographia

Dom Pedro II e suas irmãs, as princesas Francisca e Januária, de luto pela morte do pai. Pintura de Félix Émile Taunay, c. 1835. Félix Taunay chegou ao Rio de Janeiro em 1816, acompanhando seu pai, o pintor Nicolas Antoine Taunay, integrante da Missão Artística Francesa. Em 1835, Félix foi nomeado professor de Desenho, Grego e Literatura do jovem dom Pedro, tornando-se mestre e amigo do monarca.

ATIVIDADES

1 Qual era a função dos regentes no fim do Primeiro Reinado?

2 Como o jovem Pedro de Alcântara foi preparado para governar o Brasil durante o Período Regencial?

AS REVOLTAS E A UNIÃO DO IMPÉRIO

Como vimos, depois da independência, nem todos os brasileiros estavam satisfeitos com o Império. Para os escravizados e a população pobre pouca coisa tinha mudado. A escravidão continuava e as pessoas que tinham mais poder seguiam tendo privilégios.

Veja no seu **Miniatlas** o mapa da página 16.

As principais revoltas do século 19

O Período Regencial foi um dos mais conturbados da história do Brasil. Os regentes enfrentaram diversas rebeliões. Algumas buscavam a separação do Brasil e a criação de novas Repúblicas.

Observe no mapa ao lado alguns movimentos do período regencial.

O GOLPE DA MAIORIDADE

Muitos fazendeiros, proprietários e outros grupos poderosos da atual região Sudeste apoiavam o Império e queriam a união e a centralidade do governo. Por isso, iniciaram um movimento que defendia a antecipação da maioridade de dom Pedro II. Ou seja, esses grupos queriam que ele se tornasse imperador antes de completar 18 anos. E foi o que aconteceu: em 1840, dom Pedro assumiu o trono aos 14 anos. Esse fato ficou conhecido como o Golpe da Maioridade.

Dom Pedro II teve um longo governo, marcado pelo desenvolvimento da indústria, do sistema de transportes e das artes visuais.

Diferentemente do pai, dom Pedro II governou com maior abertura para a participação de deputados e senadores.

1 Cabanagem (1835-1840)

Painel que homenageia a Cabanagem, de autoria de Benedito Melo, na Assembleia Legislativa em Belém (PA).

Rebelião de comerciantes de Belém, no atual estado do Pará, contra a nomeação do governador da província. Participaram trabalhadores pobres, escravizados, indígenas e mestiços, chamados de "cabanos". O movimento foi violentamente reprimido pelo Exército Imperial e cerca de 30 mil pessoas morreram, entre rebeldes e soldados.

2 Balaiada (1838-1841)

Memorial da Balaiada, em Caxias (MA). Foto de 2014.

Estátua de Cosme Bento das Chagas, o Negro Cosme, diante do Memorial da Balaiada. Ele liderou um grupo de quilombolas durante a revolta.

Iniciada no Maranhão, a revolta se estendeu pelo Piauí e pelo Ceará. Dela participaram pequenos fazendeiros, vaqueiros e escravizados que se opunham à Regência do Rio de Janeiro. Liderados por Francisco dos Anjos Ferreira, vendedor de balaios, os rebeldes foram derrotados em 1841.

3 Revolta dos Malês (1835)

Nesta gravura do século 19, Debret representou um africano de religião muçulmana.

A Revolta dos Malês ocorreu na cidade de Salvador, na Bahia, em 1835. O movimento foi organizado por africanos escravizados ou livres, de religião muçulmana, que eram chamados de malês. Eles queriam o fim da escravidão, mas foram reprimidos pelo governo local. Duzentos africanos foram levados a julgamento e receberam penas muito duras.

4 Sabinada (1837-1838)

Vista da cidade de Salvador, aquarela de autoria desconhecida, século 19.

Revolta iniciada em 1837, em Salvador, no atual estado da Bahia. Liderada pelo jornalista e médico Francisco Sabino Vieira, reuniu comerciantes e proprietários insatisfeitos com o domínio do comércio pelos portugueses; a população mais pobre, contrária ao serviço militar imposto pelo governo; e escravizados que buscavam a liberdade. Pretendiam criar uma República independente, mas foram derrotados pelo governo imperial em 1838.

5 Farrapos (1835-1845)

Batalha dos Farrapos, óleo sobre tela de José Wasth Rodrigues, 1937.

Rebelião iniciada em 1835, no atual estado do Rio Grande do Sul. Os "farroupilhas", ou maltrapilhos, eram liderados por criadores de gado que buscavam a autonomia da região e não queriam pagar impostos. Em 1838 proclamaram uma República independente que enfrentou as tropas imperiais até 1845.

LEITURA E ESCRITA NO BRASIL DO SÉCULO 19

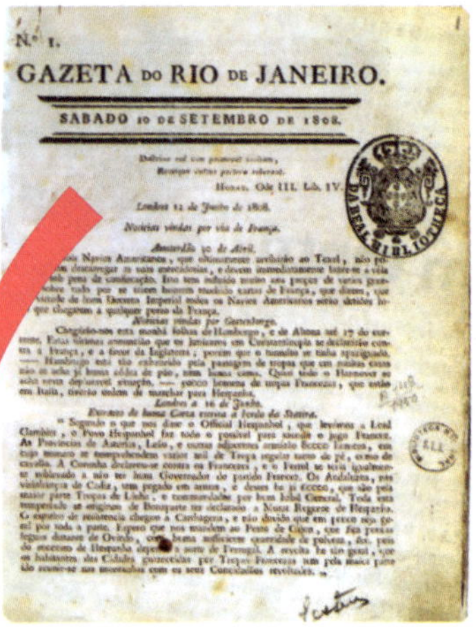
Nº 1.
GAZETA DO RIO DE JANEIRO.
SABADO 10 DE SETEMBRO DE 1808.

Você viu que antes da chegada da família real a circulação de jornais e revistas era proibida na colônia. Essa proibição contribuiu para que o hábito da leitura fosse pouco difundido no Brasil até o começo do século 19. Com a fundação da Impressão Régia, vários jornais e revistas foram publicados e mais pessoas passaram a ler.

O primeiro jornal a circular foi a **Gazeta do Rio de Janeiro**. Esse jornal era uma espécie de folha oficial que publicava decretos e fatos sobre a família real. Os primeiros jornais que não estavam ligados à Monarquia apareceram em 1821. Eles tinham como principal assunto a possibilidade de independência do Brasil.

GAZETA DO RIO DE JANEIRO.
SABADO 10 DE SETEMBRO DE 1808.
Doctrina sed vim promovet insitam,
Rectique cultus pectora roborant.
HORAT. Ode III. Lib. IV.
DA REAL BIBLIOTHECA
Londres 12 de Junho de 1808.
Noticias vindas por via de França.
Amsterdão 30 de Abril.
OS dois Navios Americanos, que ultimamente arribárão ao Texel, não podem descarregar as suas mercadorias, e devem immediatamente fazer-se á véla

Biblioteca Nacional, Rio de Janeiro, RJ.

Primeira edição do jornal **Gazeta do Rio de Janeiro**. Como a comunicação entre Brasil e Europa dependia do transporte naval, as notícias chegavam somente tempos depois do acontecimento. Observe a data de publicação do jornal. Depois observe a data da notícia. Quanto tempo de diferença existe entre as duas datas?

Coleção Gilberto Ferrez/Instituto Moreira Salles

Garotos jornaleiros. Fotografia de Marc Ferrez, 1899.

Durante o Primeiro Reinado, a imprensa brasileira sofreu com a falta de liberdade. Algumas vezes os jornais e seus profissionais eram atacados por causa das críticas que faziam ao governo. Já no Segundo Reinado, a imprensa tinha maior liberdade. Mas o desenvolvimento da imprensa encontrou algumas dificuldades. Em primeiro lugar, o Brasil era um país basicamente rural. Mais de 90% dos seus habitantes viviam no campo. Como as distâncias eram grandes e o transporte era precário, havia dificuldade para distribuir os jornais pelo interior do país, além disso o número de pessoas alfabetizadas era pequeno.

A Constituição outorgada por dom Pedro I em 1824 já determinava a criação de escolas de alfabetização em todos os núcleos urbanos do país, assim como o ensino gratuito das primeiras letras. Determinava também que nas cidades maiores houvesse escolas para as meninas. Nada disso, porém, foi cumprido.

Demonstrando preocupação com a formação dos cidadãos que iriam sustentar o governo imperial, em 1837 o governo regencial fundou na cidade do Rio de Janeiro o Externato Dom Pedro II. Esperava-se que essa escola, muito conceituada até hoje, servisse de modelo para a criação de outras escolas em todo o país. Mas isso não aconteceu, e o número de escolas continuou pequeno.

Celso Pupo/Fotoarena

Colégio Pedro II na cidade do Rio de Janeiro (RJ). Foto de 2013.

A maioria das crianças cujas famílias podiam pagar os estudos frequentava as aulas na casa do professor. A programação era diferenciada para os meninos e as meninas. Os meninos estudavam História, Geografia, Álgebra, Geometria, Gramática. Para as meninas, considerava-se suficiente o ensino de religião, leitura, escrita, cálculos elementares, bordado e costura.

A situação do ensino e da alfabetização no Brasil pouco mudou até o final do Império. Em 1889, apenas 15% dos habitantes do Brasil sabiam ler.

Acervo da E. E. Caetano de Campos, São Paulo, SP.

Escola Estadual Caetano de Campos na cidade de São Paulo (SP) em fotografia do final do século 19.

ATIVIDADES DO CAPÍTULO

1. Ordene as frases a seguir, colocando os acontecimentos mais antigos antes dos mais recentes.

- ☐ Em 1840, dom Pedro II assumiu o trono, aos 14 anos.
- ☐ Os regentes enfrentaram diversas rebeliões.
- ☐ Dom Pedro I abdicou do trono do Brasil.
- ☐ A antecipação da maioridade de Pedro de Alcântara ficou conhecida como Golpe da Maioridade.
- ☐ Algumas revoltas buscavam a separação do Brasil e a criação de novas Repúblicas.

2. Neste capítulo, vimos que a parcela da população alfabetizada no Brasil era pequena no século 19, mas isso não impediu que muitos jornais, revistas e livros circulassem no país. Entre as publicações que atingiam maior número de leitores se destacavam os almanaques. Ainda hoje esse tipo de publicação é muito apreciado.

Observe as imagens a seguir e depois responda às questões:

Reprodução/Editora Globo

Capa de **Bichos Brasileiros**, da Coleção Almanaque Sítio, baseada na obra de Monteiro Lobato. Rio de Janeiro: Globo, 2010.

Reprodução/Ediouro

Reprodução/Almanaque Brasil/Andreato Comunicação e Cultura

Capa e página de **Brasil: Almanaque de Cultura Popular**, de Elifas Andreato e João Rocha. Rio de Janeiro: Ediouro, 2009.

a) O que caracteriza um almanaque?

____

____

b) Na sua opinião, a que tipo de leitor os almanaques se destinam?

____

____

3. Agora vamos conhecer um almanaque apreciado no Brasil desde o período colonial. Observe a imagem da capa, leia o texto e, depois, responda às questões.

O **Lunário Perpétuo** foi criado na Espanha, no final do século 16, e conquistou muitos leitores. Trazia orientações práticas e informações sobre todos os assuntos: fases da Lua, calendário das festas, previsões do tempo, saúde, religião, agricultura.

A primeira publicação desse almanaque em português data de 1703. O sucesso foi grande, e logo a publicação chegou ao Brasil. Aqui, tornou-se popular, principalmente no Nordeste. Para muitos moradores do campo, o **Lunário Perpétuo** era a única leitura.

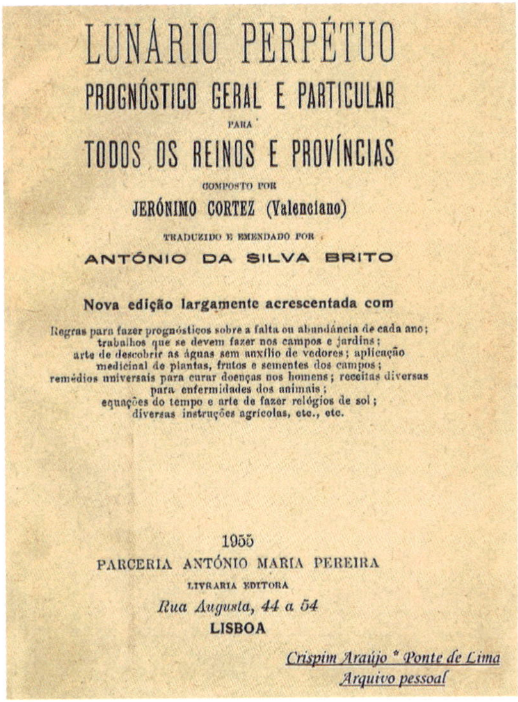
LUNÁRIO PERPÉTUO
PROGNÓSTICO GERAL E PARTICULAR
PARA
TODOS OS REINOS E PROVÍNCIAS
COMPOSTO POR
JERÓNIMO CORTEZ (Valenciano)
TRADUZIDO E EMENDADO POR
ANTÓNIO DA SILVA BRITO

Nova edição largamente acrescentada com

Regras para fazer prognósticos sobre a falta ou abundância de cada ano; trabalhos que se devem fazer nos campos e jardins; arte de descobrir as águas sem auxílio de vedores; aplicação medicinal de plantas, frutos e sementes dos campos; remédios universais para curar doenças nos homens; receitas diversas para enfermidades dos animais; equações do tempo e arte de fazer relógios de sol; diversas instruções agrícolas, etc., etc.

1955
PARCERIA ANTÓNIO MARIA PEREIRA
LIVRARIA EDITORA
Rua Augusta, 44 a 54
LISBOA

Crispim Araújo * Ponte de Lima
Arquivo pessoal

a) Na sua opinião, por que o **Lunário Perpétuo** conquistou tantos leitores?

____

____

b) Por que essa publicação interessava aos moradores do campo?

____

____

____

4. Com base na observação da imagem acima e nas imagens da página ao lado, pode-se dizer que os almanaques passaram por mudanças ao longo do tempo?

____

____

____

ENTENDER O TEMPO HISTÓRICO

Observe a obra **Independência ou morte**, de Pedro Américo. Pintada em 1888, é a representação mais conhecida da independência do Brasil. Mas não é a única, como mostra a tela **Proclamação da Independência**, na página ao lado. Esta tela foi pintada em 1844, por François-René Moreaux.

- Analise e compare as duas imagens.

Museu Paulista da USP, São Paulo, SP.

Independência ou morte, óleo sobre tela, de Pedro Américo, 1888.

1. Agora, responda às seguintes questões em seu caderno.

   a) Descreva as pessoas representadas em torno da figura de dom Pedro I no quadro de Pedro Américo.

   b) Faça a mesma análise no quadro de François-René Moreaux. Quem são as pessoas retratadas ao lado de dom Pedro I naquela obra?

   c) Há diferenças entre as duas imagens? Quais?

   d) Discuta com um colega: em sua opinião, qual é a imagem que melhor representa a Proclamação da Independência? Por quê?

Museu Imperial, Petrópolis, RJ.

Proclamação da Independência, óleo sobre tela, de François-René Moreaux, 1844.

2. Relembre os principais conceitos estudados nesta Unidade e responda:

a) Sistema de governo hereditário, ou seja, que passa de pai para filho.

____

b) Conjunto de leis de um país que regula a relação entre o povo e o governante.

____

c) Período em que os regentes governaram o Brasil.

____

d) Os principais movimentos populares ocorridos durante o Período Regencial.

____

____

LER E ENTENDER

Você é uma pessoa curiosa? Gosta de saber coisas que poucas pessoas sabem? Então, vai gostar do texto a seguir.

- Mas, antes de ler, converse com os colegas.

Quem criou a bandeira do Brasil? O que significa a estrela solitária nessa bandeira? O que mais gostaria de saber sobre a bandeira de nosso país?

Agora, leia o texto e confira!

Quando foi criada a atual bandeira do Brasil?

A bandeira republicana do Brasil, aquela que conhecemos hoje, foi adotada em 19 de novembro de 1889, inspirada nas ideias do matemático e filósofo maranhense Raimundo Teixeira Mendes. O desenho do disco azul foi feito pelo pintor carioca Décio Villares. Antes dessa bandeira, o Brasil teve outras nove, desde a bandeira portuguesa, usada na época do descobrimento, até a bandeira da República provisória, que valeu apenas durante quatro dias, de 15 a 19 de novembro de 1889.

O que significam as estrelas da bandeira do Brasil?

O círculo azul da bandeira brasileira mostra o céu visto do Rio de Janeiro na noite de 15 de novembro de 1889, data da Proclamação da República. A estrela Espiga (Spica), acima da faixa branca, representa o Pará e lembra que parte do Brasil está acima do Equador, no hemisfério norte. A bandeira atual tem 27 estrelas, que correspondem aos estados brasileiros e ao Distrito Federal.

Adaptado de: **Livro de curiosidades Recreio**, organizado por Fernanda Santos. São Paulo: Abril, 2011. p. 124.

Bandeira do Reino do Brasil, desenhada por Jean-Baptiste Debret.

Bandeira Nacional. As constelações que figuram na bandeira correspondem ao aspecto do céu do dia 15 de novembro de 1889, no Rio de Janeiro.

ANALISE

1. As hipóteses que você levantou sobre a bandeira do Brasil se confirmaram? Comente.

2. Para que serve o texto da página anterior? Converse com o professor.

3. Escreva no caderno as frases que apresentam informações corretas.

   a) O Brasil tem outras nove bandeiras, porém a mais usada é a verde e amarela.

   b) O filósofo Raimundo Teixeira Mendes teve a ideia para o círculo azul da bandeira brasileira e o desenho final foi do pintor Décio Villares.

   c) A estrela solitária acima da faixa branca na bandeira representa o céu do Rio de Janeiro na noite de 15 de novembro de 1889.

   d) A estrela solitária, chamada Espiga (Spica), representa o estado do Pará.

   e) A bandeira brasileira atual tem 27 estrelas, que representam os estados brasileiros e o Distrito Federal.

4. Pesquise outras curiosidades sobre a bandeira. Por exemplo: quando é comemorado o Dia da Bandeira no Brasil? Com base no que você descobriu, escreva no caderno um texto para um almanaque de curiosidades.

RELACIONE

5. Qual é a data da criação da bandeira brasileira?

____

6. Qual era o regime político na época da criação da bandeira?

____

7. Que informação você usou para responder à questão 6?

____

8. Qual é a forma de governo do Brasil atual?

____

O QUE APRENDI?

Marc Ferrez/Instituto Moreira Salles

1. Retome as questões que foram apresentadas na abertura desta Unidade. Discuta com os colegas e o professor como você as responderia agora.

   - Quais seriam as cores da cidade do Rio de Janeiro no século 19? Pinte a foto usando as cores da sua imaginação! Veja acima algumas ideias.

2. No Capítulo 10 vimos que a vinda da família real e da Corte portuguesa para o Brasil trouxe grandes mudanças culturais, artísticas, econômicas, políticas e sociais para o nosso país. Faça uma pesquisa em livros e/ou na internet para saber que instituições ou monumentos fundados naquela época existem ainda hoje. Cite alguns deles nas linhas abaixo.

4. Escreva frases usando as palavras a seguir.

a) Constituição • leis importantes • representantes do povo

____

____

b) Dom Pedro I • poder centralizado • assembleia

____

____

5. Complete a linha do tempo relacionando os acontecimentos e as datas indicadas a seguir.

Independência do Brasil • Confederação do Equador • Dom Pedro I abdica do trono • Morte de dom João VI • Dom Pedro I entrega a nova Constituição

1822	1824	1826	1831

6. A Constituição de 1824 foi outorgada, pois o imperador a elaborou sem a participação de representantes do povo. Já a Constituição de 1946 foi promulgada, pois foi elaborada por representantes do povo.

- Agora, pesquise sobre a atual Constituição brasileira, de 1988.

a) Ela foi outorgada ou promulgada?

____

b) Quem participou da elaboração da Constituição?

____

PARA SABER MAIS

LIVROS

Reprodução/Editora do Brasil

A cura da terra, de Eliane Potiguara. São Paulo: Editora do Brasil, 2015.

Moína é uma menina de origem indígena que convive com seus familiares mais velhos e aprende muito com eles. Em conversas com sua avó, Moína entende a importância de sua origem e se informa a respeito da história de seus ancestrais indígenas.

Reprodução/Edições SM

A história de Chico Rei, de Béatrice Tanaka. São Paulo: Edições SM, 2015.

Chico Rei é um personagem de contos e tradições de Minas Gerais. De acordo com a tradição, Chico era um rei africano, no Congo, e foi trazido ao Brasil na condição de escravizado. Aqui chegando, uniu-se a outros negros e todos conseguiram comprar a liberdade. Chico Rei ainda teria mandado construir, em terras mineiras, a Igreja de Santa Efigênia do Alto da Cruz, inaugurada com uma bonita festa de Congada.

Reprodução/Editora FTD

A lenda do dia e da noite, de Rui de Oliveira. São Paulo: FTD, 2015.

Você sabia que entre os diferentes povos indígenas do Brasil há muitas histórias que contam a origem do Universo e do mundo? Cada povo tem sua própria versão da origem do mundo, das forças e dos fenômenos da natureza. Nessa obra, você vai conhecer a origem do dia e da noite de acordo com as tradições do povo Karajá.

Reprodução/Editora do Brasil

Cordelendas: histórias indígenas em cordel, de César Obeid. São Paulo: Editora do Brasil, 2014.

Como você já sabe, os diversos povos indígenas do Brasil têm muitas e muitas lendas. O autor desse livro reuniu algumas dessas lendas e decidiu apresentá-las de modo diferente, com o uso de rimas e imagens ligadas à literatura de cordel. O resultado é belíssimo!

Reprodução/Editora Farol

De olho na Mata Atlântica, de Ingrid Biesemeyer Bellinghausen. São Paulo: Farol, 2011.

Com esse livro, você vai fazer uma grande viagem pela Mata Atlântica. A riqueza dessa vegetação em 1500, o processo de exploração e desmatamento ao longo do tempo e o panorama da Mata Atlântica na atualidade são vistos em textos e em belas ilustrações.

Reprodução/Editora Pallas

Falando Tupi, de Yaguarê Yamã. Rio de Janeiro: Pallas, 2012.

Estudiosos indicam que mais de dez mil palavras do português que falamos no Brasil são de origem tupi! Entre elas estão nomes de plantas, de animais, de cidades e de estados, de brincadeiras e de objetos. Palavras como tatu, jacaré e urubu, por exemplo, são de origem tupi. Com esse livro, você vai aprender bastante sobre essa rica herança cultural dos povos indígenas.

Reprodução/Editora Formato

Iamê e Manuel Diogo nos campos de Piratininga, de Maria José Silveira. São Paulo: Formato, 2004.

A aventura desse livro se passa em 1610, na região de São Paulo de Piratininga. Você vai acompanhar o cotidiano de duas crianças, um menino e uma menina: Manuel Diogo, de origem portuguesa, e Iamê, que tem origens indígenas e portuguesas.

Reprodução/Editora Salamandra

Kiese, de Ricardo Dreguer. São Paulo: Salamandra, 2015.

Esse livro apresenta a trajetória de Kiese, um menino que veio da África, trazido ao Brasil na condição de escravizado. Kiese, assim como seus companheiros e amigos, luta por sua liberdade e por melhores condições de vida. Uma história delicada e sensível, que se mistura com o passado e com a formação do Brasil.

Reprodução/Editora Manati

Ludi na chegada e no bota-fora da família real, de Luciana Sandroni. Rio de Janeiro: Manati, 2008.

Acompanhe as aventuras da menina Ludi e de sua família, que voltam no tempo e conseguem assistir à chegada da família real e de toda a Corte portuguesa à cidade do Rio de Janeiro, em 1808. Em situações divertidas e engraçadas, Ludi e seus familiares mergulham em fatos importantes da história do Brasil.

Reprodução/Editora Melhoramentos

O Brasil no papel em poesia de cordel, de Fabio Sombra e Mauricio de Sousa. São Paulo: Melhoramentos, 2014.

A personagem Mônica e seus amigos, famosos nos quadrinhos de Mauricio de Sousa, percorrem todos os estados brasileiros. O resultado? Um belo livro com fotos, ilustrações e versos, que valorizam as riquezas do Brasil e a formação do povo brasileiro.

Reprodução/Editora Salamandra

O que há de África em nós, de Wlamyra R. de Albuquerque e Walter Fraga. São Paulo: Salamandra, 2013.

Os personagens desse livro nos levam por um passeio pelo continente africano. Ao entrar em contato com o modo de vida dos primeiros grupos humanos na África, com a colonização portuguesa e com o processo de escravidão de homens e mulheres africanos, o leitor descobre que existe muito da África em nós brasileiros!

Reprodução/Editora Olhares

São Paulo é legal!, de Bernardo França e Vanessa Sobrino. São Paulo: Editora Olhares, 2013.

Com esse livro você vai se informar a respeito da história da cidade de São Paulo. Os textos simples e as interessantes ilustrações ensinam sobre os principais pontos e lugares históricos dessa cidade.

Reprodução/Editora Salamandra

Solta o sabiá, de Ruth Rocha. São Paulo: Salamandra, 2013.

No século 17, o menino Francisco, nascido em Portugal, viaja com o pai para o Brasil. Ele conhece o sítio de seu primo e acompanha um bandeirante em uma expedição. Com o tempo, Francisco conhece os aspectos da escravização indígena e compreende a luta dos indígenas pela liberdade e pela manutenção de sua cultura.

Reprodução/Editora do Brasil

Um fotógrafo diferente chamado Debret, de Mércia Maria Leitão e Neide Duarte. São Paulo: Editora do Brasil, 2015.

O artista francês Jean-Baptiste Debret esteve no Brasil no século 19 e registrou inúmeras cenas representando o cotidiano e as atividades de homens, mulheres e crianças do Brasil daquele período. Esse livro incentiva os leitores a conhecer a trajetória de Debret e fornece um panorama sobre a arte no Brasil.

ANIMAÇÃO

Os guardiões da biosfera: Mata Atlântica

<www.guardioesdabiosfera.com.br/mata.html>

Esse *site* apresenta dois episódios da série de animações intitulada **Os guardiões da biosfera**. Uma turma de amigos, com o auxílio do avô de uma das crianças, volta no tempo em uma locomotiva que funciona com lixo orgânico. Chegando ao passado, eles recebem uma missão: reunir os amuletos que protegem as matas e a vegetação brasileiras. Acesso em: 1º jan. 2016.

Reprodução/<www.guardioesdabiosfera.com.br>

SITES

WWF Brasil: Mata Atlântica

<www.wwf.org.br/natureza_brasileira/areas_prioritarias/mata_atlantica>

O WWF Brasil é uma organização sem fins lucrativos que trabalha pela conservação da natureza. Nesse *site*, você pode se informar sobre a Mata Atlântica com textos, vídeos, fotos e mapas.

Reprodução/<www.wwf.org.br>

Pintores e artistas

<http://enciclopedia.itaucultural.org.br>

A Enciclopédia Itaú Cultural traz biografias e imagens de obras de diversos artistas brasileiros. Para encontrar um artista, basta digitar seu nome no campo da busca. Há biografias e muitas imagens ampliáveis de obras de pintores como Jean-Baptiste Debret e Rugendas.

Reprodução/<enciclopedia.itaucultural.org.br>

Povos indígenas no Brasil Mirim

<http://pibmirim.socioambiental.org>

Esse *site* apresenta informações interessantes sobre a cultura indígena no Brasil. Além de textos, fotos e vídeos bem divertidos, há muitas atividades interativas, incluindo jogos e uma seção de perguntas e respostas.

Acesso em: 14 abr. 2016.

Reprodução/<pibmirim.socioambiental.org>

MUSEUS

Museu da Inconfidência

<www.museudainconfidencia.gov.br>

O Museu da Inconfidência está localizado na cidade de Ouro Preto, no estado de Minas Gerais. Essa instituição é dedicada à preservação da história da Inconfidência Mineira e de obras de arte, objetos, utensílios, vestimentas e muitas outras fontes ligadas à vida nas Minas Gerais nos séculos 18 e 19. Na aba "Museu", no *link* "Exposição", você pode visualizar algumas salas.

Andre Dib/Pulsar Imagens

Museu Imperial

<www.museuimperial.gov.br>

O Museu Imperial fica em Petrópolis, no estado do Rio de Janeiro. Apresenta um grande acervo sobre o período do Império no Brasil. Acessando a aba "Serviços *Online*" do *site*, é possível fazer visitas virtuais ao museu.

Alessandro Viana/Tyba

Museu Paulista

<www.mp.usp.br/index.php>

Localizado na cidade de São Paulo, o Museu Paulista conserva a memória da independência do Brasil e de momentos e personagens relacionados à formação do país.

Acesso em: 1º nov. 2015.

Alexandre Cappi/Pulsar Imagens

BIBLIOGRAFIA

ALMEIDA, José Luís V.; ARNONI, Maria Eliza B.; OLIVEIRA, Edilson M. de. *Mediação dialética na educação escolar:* teoria e prática. São Paulo: Edições Loyola, 2007.

BARTON, Keith. Qual a utilidade da História para as crianças? Contributos do Ensino de História para a Cidadania. In: BARCA, Isabel (Org.). *Para uma educação histórica de qualidade.* Actas da IV Jornada Internacional de Educação Histórica. Minho: Centro de Investigação em Educação (Cied)/Instituto de Educação em Psicologia. 2004.

BITTENCOURT, Circe. *Ensino de História:* fundamentos e métodos. São Paulo: Cortez, 2009.

________. *O saber histórico na sala de aula.* São Paulo: Contexto, 1998.

BLOCH, Marc. *Apologia da História ou O ofício de historiador.* Rio de Janeiro: Jorge Zahar, 2002.

BRASIL. Ministério da Educação. Secretaria de Educação Fundamental. *Parâmetros Curriculares Nacionais:* apresentação dos temas transversais, ética. Brasília: MEC/SEF, 1997.

________. Ministério da Educação. Secretaria de Educação Fundamental. *Parâmetros Curriculares Nacionais:* História, Geografia. Brasília: MEC/SEF, 1997.

________. Ministério da Educação. Secretaria de Educação Fundamental. *Parâmetros Curriculares Nacionais:* meio ambiente, saúde. Brasília: MEC/SEF, 1997.

________. Ministério da Educação. Secretaria de Educação Fundamental. *Parâmetros Curriculares Nacionais:* pluralidade cultural, orientação sexual. Brasília: MEC/SEF, 1997.

BURKE, Peter (Org.). *A escrita da História:* novas perspectivas. São Paulo: Ed. da Unesp, 1992.

CARDOSO, Ciro Flamarion; VAINFAS, Ronaldo (Org.). *Domínios da História:* ensaios de teoria e metodologia. Rio de Janeiro: Campus/Elsevier, 1997.

CERTEAU, Michel. *A escrita da História.* Rio de Janeiro: Forense-Universitária, 1982.

COLL, César; TEBEROSKY, Ana. *Aprendendo História e Geografia:* conteúdos essenciais para o Ensino Fundamental de 1ª a 4ª séries. São Paulo: Ática, 2000.

DEL PRIORE, Mary (Org.). *História das crianças no Brasil.* 7. ed. São Paulo: Contexto, 2010.

GOULART, I. B. *Piaget:* experiências básicas para utilização pelo professor. Petrópolis: Vozes, 2003.

GRUPIONI, Luís Donisete. *Índios no Brasil.* São Paulo: Global, 2005.

HOBSBAWM, Eric. *Sobre História.* São Paulo: Companhia das Letras, 1998.

HOLANDA, Sérgio Buarque de. *Raízes do Brasil.* 26. ed. São Paulo: Companhia das Letras, 2012.

KARNAL, Leandro (Org.). *História na sala de aula.* São Paulo: Contexto, 2003.

PINSKY, Jaime. *O ensino de História e a criação do fato.* São Paulo: Contexto, 2002.

ROCHA, Rosa Margarida de Carvalho. *Almanaque pedagógico afro-brasileiro.* Belo Horizonte: Mazza, 2006.

SCATAMACHIA, Maria C. M. *O encontro entre culturas.* São Paulo: Atual, 2008.

SIMAN, Lana Mara de Castro. A temporalidade histórica como categoria central do pensamento histórico: desafios para o ensino e a aprendizagem. In: ROSSI, Vera Lúcia Sabongi de; ZAMBONI, Ernesta (Org.). *Quanto tempo o tempo tem!.* Campinas: Alínea, 2003.

VYGOTSKY, Lev S. *A formação social da mente.* São Paulo: Martins Fontes, 1984.

________. *Pensamentos e linguagem.* São Paulo: Martins Fontes, 2003.